现代煤炭销售与企业管理创新研究

章海东 李婉嫱 张群 著

中国商务出版社

·北京·

图书在版编目（CIP）数据

现代煤炭销售与企业管理创新研究 / 章海东 , 李婉
嫱 , 张群著 . -- 北京 : 中国商务出版社 , 2024. 7.

ISBN 978-7-5103-5224-9

Ⅰ . F426.21

中国国家版本馆 CIP 数据核字第 2024YY9700 号

现代煤炭销售与企业管理创新研究

章海东　李婉嫱　张群　著

出版发行：中国商务出版社有限公司

地　　址：北京市东城区安定门外大街东后巷 28 号　　**邮　　编：**100710

网　　址：http://www.cctpress.com

联系电话：010-64515150（发行部）　　　010-64212247（总编室）

　　　　　　010-64515210（事业部）　　　010-64248236（印制部）

责任编辑：周　青

排　　版：北京嘉年华文图文制作有限公司

印　　刷：北京印匠彩色印刷有限公司

开　　本：710 毫米 × 1000 毫米　1/16

印　　张：9.5　　　　　　　　　　　**字　　数：**142 千字

版　　次：2024 年 7 月第 1 版　　　　**印　　次：**2024 年 7 月第 1 次印刷

书　　号：ISBN 978-7-5103-5224-9

定　　价：79.00 元

前　言

在当代社会，能源产业一直是国民经济的重要支柱之一。煤炭作为传统能源的主要代表，在全球范围内仍然占据着重要的地位。然而，随着社会的发展和科技的进步，煤炭销售和企业管理也在不断面临新的机遇与挑战。

现代煤炭销售和企业管理已经不再局限于传统的模式与思维。随着经济全球化的加剧，市场竞争的日益激烈，企业不得不进行创新和转型，以适应新的市场环境和消费需求。在这种背景下，煤炭行业需要不断改进销售策略和管理方式，提高竞争力，实现可持续发展。

本书旨在探讨现代煤炭销售和企业管理的创新应用，深入分析当前煤炭市场的现状和问题，研究煤炭市场在信息化、智能化、可持续发展等方面的创新实践。通过对国内外煤炭市场的调研和分析，挖掘行业内企业在销售和管理方面的成功经验与创新做法，为其未来的发展提供参考和借鉴。

本书将从多个角度对现代煤炭销售和企业管理进行深入剖析。其中将回顾煤炭行业的发展历程和当前面临的挑战，分析市场需求和政策环境对煤炭企业的影响。将探讨煤炭企业在销售方面的创新应用，包括市场营销、客户服务、渠道管理等方面的策略和实践。将重点关注煤炭企业在企业管理方面的创新，包括组织架构、人力资源管理、财务管理等方面的改进和创新举措。

通过对现代煤炭销售和企业管理的研究，我们希望能够为煤炭企业提供更多的指导和启示，帮助他们更好地应对市场挑战，提升竞争力。同时，也希望通过本书对煤炭行业的发展趋势进行预测和分析，为行业未来的发展方向和重点提供决策支持。

在现代经济发展的大潮中，煤炭行业必须与时俱进，不断创新，才能在激烈的市场竞争中立于不败之地。相信通过本书的深入分析和讨论，可以为现代煤炭销售和企业管理的创新应用提供有益的指导与启示，继而推动行业的可持续发展和繁荣。

目　录

第一章　煤炭销售现状分析

第一节　煤炭市场供需情况分析

一、煤炭需求量变化趋势

（一）工业行业对煤炭需求分析

煤炭作为传统能源资源，在工业生产中有着重要作用。随着工业生产的不断发展，对煤炭的需求也在不断增加。工业行业对煤炭的需求主要集中在能源供应方面，尤其是在重工业领域，煤炭作为主要能源之一，扮演着不可或缺的角色。各类制造业、冶金业、化工业等行业对煤炭的需求量持续增长，一定程度上也推动了煤炭产业的发展。随着工业生产的规模不断扩大，对煤炭的需求也逐渐增加，煤炭销售的市场前景依然广阔。

工业行业对煤炭的需求与我国经济发展息息相关。随着我国经济飞速增长，各类制造业、建筑业、电力行业等工业部门对煤炭的需求量也在不断攀升。特别是在重工业领域，煤炭所占比重较大，是支撑工业生产的重要能源之一。同时，随着国家对工业结构的升级和转型，对煤炭需求的依赖逐渐减弱，但仍然处于不可或缺的地位。

在将煤炭作为主要能源的情况下，工业行业对煤炭的需求已经成为煤炭销售市场的主要推动力之一。煤炭的广泛应用在工业生产中起着不可替代的作用，其能源供应的稳定性和廉价性使其成为诸多企业的首选。随着工业生产规模的扩大，煤炭需求的增加也助推了煤炭产业的发展。目前，煤炭销售市场前景依然广阔，虽然随着新能源的发展，煤炭使用正逐渐被替代，但在短期内煤炭依然是我国工业生产的重要能源之一。

随着人们环保意识的提高和产业结构的不断优化，煤炭行业也在不断努力进行技术创新和转型升级。通过推动清洁生产、提高资源利用率和加大节能减排力度，煤炭产业正在朝着可持续发展的方向迈进。工业行业对煤炭的需求虽然在逐渐减弱，但在一定时期内，煤炭仍将是我国工业生产的主要能源之一，对煤炭市场的需求仍然是值得关注的重要因素。

（二）居民生活用煤需求情况

居民生活用煤需求情况的重要性无可忽视，对煤炭销售市场具有一定影响。随着经济的发展和人们生活水平的提高，居民生活用煤需求呈现出稳步增长的趋势。因此，了解和分析居民生活用煤的需求情况，对企业进行产能规划和市场营销具有一定指导意义。居民生活用煤的需求量是煤炭市场供需关系的重要组成部分，其变化趋势直接影响着整个煤炭市场的发展走向。通过深入研究和分析居民生活用煤的需求情况，企业管理者可以制定更加科学合理的营销策略，促进煤炭销售和企业管理的创新应用。

在现代社会，随着人们环保意识的增强和政府对使用清洁能源的倡导，居民生活用煤需求的变化也受到了关注。越来越多的居民开始选择清洁能源替代传统的煤炭，这给煤炭市场带来了一定的挑战。因此，煤炭企业需要及时调整产品结构，推出更环保、高效的煤炭产品，以适应市场需求的变化。

除此之外，居民生活用煤需求情况的变化也与季节、天气等因素密切相关。在寒冷的冬季，居民燃煤取暖的需求会显著增加，而在夏季则会有所减少。因此，煤炭企业需要根据不同季节的需求情况进行合理的生产安排，以确保市场供应的稳定性和灵活性。

随着科技的进步和城市化进程的加快，居民生活用煤的形式也在不断创新。一些地区开始推广利用新能源替代传统煤炭，如太阳能、风能等。这也给煤炭企业带来了新的机遇和挑战，煤炭企业需要不断进行技术创新和管理升级，以适应市场的变化。

总的来说，了解和分析居民生活用煤的需求情况对煤炭企业的发展至关重要。只有不断跟踪市场动态，紧密关注消费者需求的变化，企业才能在激烈的市场竞争中立于不败之地。

（三）煤炭进出口情况分析

中国作为世界上最大的煤炭生产和消费国家，其煤炭进出口情况备受关注。近年来，我国煤炭进出口总量呈现出波动增长的态势，其中出口量逐渐增加，进口量也有所上升。煤炭是我国的主要能源资源之一，因此煤炭进出口情况的变化将会对国内能源市场产生深远影响。

根据统计数据显示，中国的煤炭出口主要集中在亚太地区，其中东南亚国家是我国的主要出口对象。而煤炭的进口则主要来自澳大利亚和印度。随着国际市场价格波动和全球经济形势变化，我国煤炭进出口情况也受到一定的影响。在这种背景下，我国需要不断调整出口政策和进口政策，以适应全球煤炭市场的变化。

总的来说，煤炭进出口情况的变化对中国煤炭销售市场和能源结构都有着重要的影响。只有正确把握煤炭进出口情况的变化趋势，我国才能更好地应对国际市场波动，保障国内能源安全和经济持续发展。

随着全球经济的不断发展和变化，煤炭的国际市场需求也在不断波动。作为世界上最大的煤炭生产国和消费国，我国煤炭进出口情况的变化直接关系到国内能源市场的稳定和发展。近年来，随着人们环保意识的提升和国家对能源结构调整的不断推进，我国煤炭进出口的格局也在悄然发生着变化。

在政策层面上，我国加大了对煤炭出口的管控力度，鼓励企业转型升级，提升产品品质和降低环境污染。同时，针对煤炭进口，我国也在积极寻找替代性能源，并加大了对进口煤炭的质量监管力度，以确保国内能源供应的安全和稳定。

在全球气候变化的大背景下，越来越多的国家开始转向清洁能源，减少对煤炭等传统化石能源的依赖。这也使得我国的煤炭进出口市场面临更大的挑战和压力。为了应对这一局面，我国政府需要加快能源结构的调整，推动清洁能源产业的发展，实现绿色低碳的能源转型。

总的来说，煤炭进出口情况的变化不仅会对中国煤炭市场产生深远影响，也会对国际能源格局和全球环境保护具有重要意义。只有抓住机遇，不断创新发展，我国才能在全球能源竞争中立于不败之地，实现可持续发展的目标。

（四）煤炭价格波动影响因素

煤炭价格的波动会受到多种因素的影响，其中包括国内外市场需求变化、煤炭产能与供给关系、国际能源市场价格波动等。国内煤炭市场需求主要会受到国民经济发展水平、能源政策、煤炭替代能源情况等因素的影响，而国际市场需求则会受到国际经济形势和各国能源政策等因素的影响。

近年来，随着我国经济的快速发展，煤炭需求量逐年增加。一方面，工业、建筑、交通等行业对能源的需求也在不断增加，从而推动了煤炭市场的需求增长；另一方面，随着我国能源结构调整和人们环保意识的增强，国家对煤炭使用的限制范围也在逐步扩大，这使得煤炭市场供求关系更加敏感，价格波动更加频繁。

煤炭价格波动的影响不仅限于煤炭生产企业，也影响着煤炭企业的经营管理。煤炭价格的波动会直接影响企业的盈利水平，可能导致企业的生产经营计划无法按时实施，甚至影响企业的经济效益和市场竞争力。因此，煤炭企业需要根据市场行情及价格波动情况来调整销售策略，提高其市场的适应能力和风险防范能力。

随着科技的不断发展和信息化的普及，现代企业管理理念也在不断更新。煤炭销售企业可以通过引入先进的信息技术和管理方法，提高企业的决策效率和管理水平。例如，通过建立完善的销售信息系统，及时获取市场价格动态，为企业决策提供有效的参考依据。又如，通过建立健全的供应链管理体系，实现供应、生产、销售等环节之间的紧密配合，以降低成本，提高效益。

总的来说，煤炭企业在面对煤炭销售价格波动时，需要根据市场行情和政策环境不断调整销售策略，灵活应对市场变化；同时，积极引入现代管理理念和技术手段，提高企业的管理水平和竞争力，以保持企业的可持续发展。只有不断创新和适应市场的企业才能在激烈的市场竞争中立于不败之地，赢得更多的机遇和更广阔的市场。

在信息化普及的背景下，煤炭企业面临着诸多机遇与挑战。煤炭销售价格波动往往会受多种因素影响，如供需关系、政策调控、环境因素等，企业必须灵活应变。引入先进的信息技术和管理方法是企业提升竞争力的关键之一。建立完善的销售信息系统可以帮助企业及时把握市场脉搏，制定科学的销售策略。同时健全的供应链管理体系也是企业经营获得成功的基础，通过优化供应链，实现资源的高效配置和成本的降低等目标。

在管理方面，现代企业应注重人才培养和团队建设，打造高效的组织架构和营造和谐的文化氛围。通过培训和激励机制，激发员工的工作激情和创新意识，提升整体生产效率和服务质量。同时注重企业社会责任和可持续发展也是企业的重要使命。煤炭企业要积极响应国家政策，推动清洁能源替代，减少煤炭应用对环境的污染，实现经济效益和社会效益的双赢。

机遇与挑战并存，煤炭企业只有不断创新、不断进取，才能在激烈的市场竞争中立于不败之地。通过引入先进的管理理念和技术手段，煤炭企业可以提高管理水平和服务质量，赢得市场信任和口碑。只有不断适应市场变化，紧跟时代步伐，煤炭企业才能实现可持续发展，走向更加美好的未来。

二、煤炭生产供应量情况

（一）国内外煤炭产量对比

中国是世界上最大的煤炭生产国，其煤炭产量一直位居世界前列。然而，近年来我国国内煤炭产量呈现出逐渐下降的趋势，主要是受到环保政策和产能过剩的影响。与此同时，国外煤炭产量逐渐增加，特别是一些煤炭资源丰富的国家，如澳大利亚和印度。这种国内外煤炭产量对比的变化，也会直接影响煤炭市场的供需状况和价格波动。

国内外煤炭产量对比的变化不仅会影响煤炭市场的供需状况和价格波动，而且会影响全球能源格局的演化。随着能源转型和人们环保理念的普及，煤炭逐渐被替代能源所取代，这使得煤炭市场面临着前所未有的挑战。

中国作为全球最大的煤炭生产国，其产能过剩问题已经持续多年，随着国内环保政策日益严格，煤炭行业不断调整结构，加大减产力度。与此同时，一些国家和地区开始大力推动清洁能源的发展，逐渐减少对煤炭的依赖。澳大利亚等煤炭资源丰富的国家也在积极寻求转型，将目光逐渐转向更清洁的能源产业。

在这个背景下，煤炭市场的竞争日益激烈，销售价格波动频繁。一些煤炭生产企业面临着生存压力，不得不加快技术创新和结构调整的步伐，以应对市场的变化。同时，一些新兴的清洁能源企业也开始崭露头角，其为能源销售市场带来了新的活力。

总体来说，国内外煤炭产量对比的变化，既是机遇也是挑战。在全球能源转型的浪潮下，煤炭产业必将迎来深刻的变革，而只有那些能够适应和把握这一变化的煤炭企业才能够在销售市场中立于不败之地。

（二）煤炭开采企业情况

目前我国煤炭市场呈现出供需矛盾加剧的局面，煤炭生产供应量严重不足，给煤炭开采企业带来了一定的挑战。在开采企业方面，主要在规模、技术水平、管理水平等方面存在参差不齐的问题。有些企业过度追求产量，忽视安全环保，导致安全事故频发；有些企业技术水平低，工作效率低，难以适应市场需求变化；有些企业管理混乱，内部沟通不畅，难以形成统一合力。因此，煤炭开采企业亟需加强技术创新、管理创新，提高工作效率，实现可持续发展。

在当前形势下，煤炭开采企业所面临的挑战是前所未有的。供需矛盾的加剧使得企业在生产和供应方面备受压力，而企业内部存在的规模、技术和管理等问题更加凸显这一困境。一些企业为了追求产量而牺牲安全及环保，结果造成频繁的安全事故。技术水平低的企业在面对市场需求变化时显得力不从心，工作效率低更是让它们难以在竞争激烈的市场中立足。管理混乱、内部沟通不畅的企业更是难以形成统一的合力，使得整个行业的发展步履维艰。

因此，煤炭开采企业在行业发展的道路上亟需进行技术创新和管理创新。只有不断提升自身的技术水平，才能更好地适应市场的需求变化，提高生产效率，实现可持续发展。只有加强内部的管理流程，促进企业内部的协作与沟通，形成良好的工作氛围，才能使得煤炭开采企业在激烈的市场竞争中立于不败之地。只有通过不断地改进和完善，煤炭开采企业才能在未来的发展中取得更大的成就，为行业的繁荣发展做出更大的贡献。

（三）煤炭进口量分析

当前，我国煤炭市场供求状况复杂多变，煤炭进口量一直是煤炭销售市场管理者关注的重要指标之一。通过对煤炭进口量进行分析，可以更好地了解我国煤炭市场的需求情况，为企业管理创新提供有力支撑。近年来，我国煤炭进口量呈现出逐年增加趋势，这主要受到国内市场需求和国际煤炭价格的影响。随着我国经济发展水平的不断提高，煤炭需求量逐渐增加，为满足市场需求，我国不得不加大煤炭进口力度。同时，国际煤炭价格的波动也会对我国煤炭进口量起到一定影响，进而引起市场供需的不平衡现象。为了更好地应对煤炭销售市场带来的挑战，企业需要采取创新的经营管理模式，以满足其发展的需要。

煤炭市场的供求关系在不断调整中，影响我国煤炭进口量的因素也在逐渐改变。随着我国民众环保意识的提高，煤炭的清洁化利用成为当前行业发展的重要趋势，这也会对煤炭进口量带来一定的影响。国际煤炭市场竞争激烈，各国的煤炭资源配置和价格体系也会影响我国煤炭进口的情况。在这样的背景下，企业应该谨慎把握市场动态，灵活调整进口策略，以确保煤炭供应的稳定性和市场竞争力。

同时，随着全球经济一体化程度的加深，国际合作和竞争也变得更加激烈。作为全球最大的煤炭生产国，我国煤炭进口量的变化也在一定程度上反映了国际煤炭市场的整体态势。因此，企业需要密切关注国际形势，把握市场机遇，灵活应对各种挑战，促进我国煤炭产业的可持续发展。

对煤炭进口量的分析需要结合国内外政策法规的变化情况进行综合考量。政策的制定和调整对煤炭进口量的控制有着直接的影响，企业需要根据政策导向及时调整经营策略，确保遵守法规合规经营。同时，企业要注重技术创新和产品质量提升，提高煤炭加工利用效率，降低生产成本，以提升市场竞争力，实现可持续发展目标。

对煤炭进口量的综合分析是企业经营成功的重要基础，只有全面了解市场动态，并根据需求变化及时调整策略，才能确保企业在激烈的市场竞争中立于不败之地，实现其长远发展目标。

（四）煤炭运输与储存情况

目前，煤炭的运输方式主要有铁路、公路运输和水运。铁路运输是主要的运输方式，因为煤炭运输的数量通常很大，铁路运输可以提供大容量和高效率的服务。公路运输主要用于短途运输，因为公路运输的成本较高，适合短距离和小批量的运输需求。水运则主要用于长途运输，特别是远距离海运。水运的成本通常较低，适合大批量和长距离的运输需求。

在煤炭储存方面，煤炭一般分为散状和仓储两种形式。散状储存主要指露天堆存或散装储存，通常适用于临时存储，主要用于短期运输和销售。仓储储存则主要指在煤炭仓库内进行储存，通常适用于长期储存和保值。仓储储存不仅可以确保煤炭的质量和安全，还可以根据需求合理安排库存，提高运输效率。

根据数据统计显示，在我国煤炭运输与储存的情况中铁路运输占据了煤炭运输方式中的主要份额，其运输效率不断提高。同时公路运输和水运也在逐渐发展壮大，为煤炭的全国流通提供了多元化的选择方式。在煤炭储存方面，煤炭仓储设施不断完善，各级煤炭仓库设施均达到了国际标准，保障了煤炭的存储质量和安全。

然而，在煤炭运输与储存方面还存在一些问题和挑战。首先是运输成本较高问题，尤其是公路运输。公路运输的成本包括燃料费用、人工费用、维护费用等，成本相对较高。其次是运输安全问题，特别是铁路运输和水运，在运输中容易发生事故，需要加强安全管理和监督。最后是库存管理的问题，有些地区煤炭库存过大，造成资源浪费和环境污染，需要加强库存调配管理。

为了解决这些问题，煤炭企业不仅可以引入先进的管理经验和技术，提高运输和储存效率，还可以采用信息化管理系统，实现运输路线的优化和库存的合理管理，减少运输成本和提高运输效率；不仅可以加强监管和安全措施，确保运输过程安全可靠，还可以加强供需规划和库存控制，避免产生库存过剩和资源浪费。

总的来说，煤炭运输与储存是煤炭销售和企业管理中至关重要的一环，只有做好运输与储存工作，才能保证煤炭的供应顺畅、质量稳定和销售有序。通过不断创新和改进管理方法，煤炭企业就可以在竞争激烈的市场中立于不败之地，实现经济效益和社会效益的双赢。

在当前煤炭资源供需不足的形势下，优化运输与储存环节显得尤为关键。对煤炭企业而言，提高运输和储存效率是保障供应链畅通的重要保证。在实践中，采用信息化管理系统可以实现运输路线的精准优化，有效降低运输成本，提高运输效率。同时，加强监管措施和安全管理，是保证煤炭运输安全可靠的必然选择。在库存管理方面，做好供需规划和精细库存控制，避免产生库存积压和资源浪费，将有助于煤炭企业实现可持续发展。

煤炭企业只有在运输与储存过程中不断创新，才能探索出更加高效可行的管理方法。通过引入先进的管理经验和技术，不断完善运输与储存环节，煤炭企业才能在市场竞争中立于不败之地。只有不断改进和提升管理水平，企业才能实现煤炭销售和经营管理的双赢局面。

作为煤炭企业经营中的重要环节，煤炭运输与储存需要引起企业管理者足够的重视。只有通过不断创新和改进，优化运输与储存环节，才能确保煤炭资源的有效利用，提高企业效益，实现企业经济效益和社会效益的双赢。

三、煤炭销售渠道分析

（一）传统销售渠道情况

目前，煤炭销售主要依靠的传统销售渠道主要包括煤炭交易市场、煤炭经销商销售和煤炭生产企业直销等形式。其中，煤炭交易市场是煤炭销售的主要渠道之一，通过这些市场，买卖双方可以进行供求信息的发布和煤炭的交易，起到发现价格和撮合交易的作用。煤炭经销商则是连接煤炭生产企业和终端用户之间的桥梁，他们通过建立自己的销售网络和渠道，将煤炭销售给各个领域的用户。一些大型煤炭生产企业会通过自己的销售团队直接向客户销售煤炭，以降低中间环节和提高销售效率。

在煤炭销售中，传统的销售渠道存在一些问题。煤炭交易市场上信息不对称的问题比较严重，导致买卖双方在交易中难以做到信息平等，从而影响交易的公平性和效率性。煤炭经销的中间环节过多，使得煤炭的价格被进一步提高，同时也增加了煤炭交易的不确定性。由于煤炭生产企业和终端用户之间的距离较远，煤炭销售过程中常常存在物流配送和供应链管理的问题，进而会影响煤炭的及时供应和交付。

综合来看，传统煤炭销售渠道虽然已经在一定程度上满足了市场的需求，但存在一些不足，需要进一步进行优化和改进。特别是在信息透明度、成本控制和供应链管理等方面，传统销售渠道亟需创新和升级。为了应对这些挑战，现代煤炭企业需要结合互联网、大数据和物联网等技术手段，开展销售和企业管理的创新应用，提高煤炭销售的效率。

未来的煤炭销售将更多地依托互联网平台和数字化技术，通过构建煤炭交易电子化平台，实现煤炭供需信息的精准匹配和交易撮合。通过大数据分析和人工智能技术，煤炭企业可以更好地了解市场需求和客户偏好，提供个性化的销售服务和定制化的解决方案。同时，通过物联网技术实现煤炭生产和运输的信息化管理，提高物流效率和降低运营成本。

除了销售渠道的创新，现代煤炭企业还需要在企业管理方面进行创新应用。通过建立信息化的企业管理系统，实现对生产、销售、人力资源和财务等各个方面的全面监控与管理。同时，利用智能化的生产设备和自动化的生产流程，提高生产效率和产品质量，实现企业绿色可持续发展。

总的来说，现代煤炭销售和企业管理的创新应用是煤炭企业在市场竞争中获得优势的关键。通过结合互联网、大数据和物联网等新技术，煤炭企业可以提高工作效率、降低运营成本、提升产品质量，实现可持续发展和保持长期竞争力。

通过采用物联网技术可以实现煤炭生产和运输的信息化管理，提高物流效率和降低运营成本。煤炭企业在市场竞争中需要不断探索创新，不断更新技术手段和管理方法，以提高企业的竞争力和增加市场份额。在当今竞争激烈的市场环境下，煤炭企业需要更加注重提高产品质量和服务质量，不断满足客户的需求，以赢得客户的信赖和支持。同时，煤炭企业还要注重企业的社会责任和环境保护，积极响应国家政策和法规，推动煤炭行业向绿色、可持续发展的方向转型。只有不断创新、持续发展，煤炭企业才能在持续激烈的市场竞争中立于不败之地。

（二）电子商务在煤炭销售中的应用

随着信息技术的飞速发展和互联网的普及，电子商务在各行业开始逐渐崭露头角，煤炭行业也不例外。电子商务平台的运作方式为煤炭销售带来了新的途径和机会。通过电子商务平台，煤炭企业可以直接与客户进行线上交易，简化了销售流程，提高了销售效率。同时，电子商务平台也为煤炭企业提供了更广阔的市场，不再受限于地域和传统销售渠道的限制。

目前，随着电子商务在煤炭行业中应用的不断发展，越来越多的煤炭企业开始建立自己的电子商务平台，或者通过第三方电子商务平台进行销售。这些平台不仅可以提供便捷的购买渠道，还能够为用户提供详细的产品信息、价格比较和客户评价等服务，让用户更加方便地选择和购买适合自己的煤炭产品。

在煤炭市场占比方面，虽然传统的销售渠道仍占据主导地位，但电子商务的发展势头不容忽视。根据统计数据显示，2023年煤炭电子商务交易额同比增长30%，其中煤炭电商平台交易额占比达10%，呈现出快速增长的态势。可以预见，随着电子商务在煤炭行业应用的不断推动和普及，其在煤炭销售中的市场占比将会进一步提升。

电子商务对传统销售渠道的影响是不可忽视的。传统的煤炭销售渠道主要依靠中间商和经销商，存在着信息不对称、环节繁琐和成本高昂等问题。电子商务的出现，则大大简化了销售流程，降低了交易成本，并且减少了中间环节，直接连接煤炭企业和客户，实现了供需双方的直接对接。这种直接对接的模式不仅可以提升销售效率，降低交易成本，还能够更好地满足客户个性化的需求，提高了用户体验和满意度。

总的来说，随着电子商务在煤炭销售中应用的不断深化和拓展，传统的销售模式已经无法满足煤炭企业和客户的需求。电子商务平台的运作方式给煤炭销售企业带来了新的机遇和挑战，煤炭企业需要不断创新，积极借助电子商务平台，提升自身竞争力，实现销售模式的转型和升级，以适应市场的变化和消费者的需求。只有不断创新，煤炭企业才能在激烈的市场竞争中立于不败之地。

随着电子商务在煤炭销售中的应用不断深化和拓展，煤炭企业开始意识到传统的销售模式已经难以适应当今市场的需求。电子商务的出现不仅简化了销售流程，降低了交易成本，还为煤炭企业和客户建立了全新的交流渠道。通过电子商务平台，煤炭企业能够更加精准地了解客户的需求，并提供个性化的服务，从而提高用户体验和满意度。

随着技术的不断创新和发展，电子商务平台也在不断完善和优化，为煤炭企业提供了更多的销售工具和资源。通过电子商务平台，煤炭企业可以实时获取市场信息，灵活调整销售策略，提升销售效率和企业竞争力。同时，电子商务平台还为煤炭企业带来了更多的合作机会，煤炭企业可以与其他相关企业进行联合营销，共同开拓市场，实现互利共赢。

电子商务在煤炭销售中的应用不仅改变了传统的销售模式，也促使煤炭企业不断创新和提升自身竞争力。在信息时代，煤炭企业只有不断适应市场的变化，积极借助电子商务平台，才能在激烈的市场竞争中立于不败之地。因此，煤炭企业应当充分利用电子商务的优势，不断探索创新，实现销售模式的转型和升级，以迎接市场的机遇和挑战。只有这样，煤炭企业才能在未来的竞争中立于不败之地，并实现可持续发展。

煤炭企业在电子商务平台上的应用不仅可以提升销售效率和竞争力，更重要的是为其打开了全新的发展局面。通过电子商务平台，煤炭企业可以与全球潜在客户进行无缝连接，实现供需信息的高效对接，从而拓展销售市场。同时，借助电子商务，煤炭企业可以实现随时随地的交易，大大缩短了销售周期，提升了效益。

除了销售方面的优势，电子商务还可以为煤炭企业带来供应链的深度优化和管理。通过电子商务平台，煤炭企业可以与供应商、物流公司等合作方实现信息的即时共享和协同，优化供应链的各个环节，降低成本，提高效率。这种高效的供应链管理不仅可以保证产品的质量和交付时间，还可以提升企业的整体竞争力和市场地位。

电子商务可以为煤炭企业提供更多的机会和可能。通过电子商务平台，煤炭企业可以与科研机构、行业协会等进行合作，共同开展产品研发、技术创新等活动，不断提升企业的核心竞争力和品牌影响力。同时，借助电子商务，煤炭企业还可以实现产业链的延伸和拓展，进一步扩大企业的影响力和盈利空间。

总的来说，电子商务在煤炭销售中的应用不仅是一种工具和资源，更是一种全新的商业模式和发展理念。煤炭企业只有充分利用电子商务的优势，不断探索创新，深化产业合作，实现跨界融合，才能在激烈的市场竞争中立于不败之地，实现其长期可持续发展的目标。

（三）煤炭销售价格形势

煤炭作为传统能源资源，一直是国民经济的重要支柱之一。

从煤炭价格的变化趋势来看，近年来受全球经济形势不稳定、国际市场供需关系紧张等因素影响，煤炭价格波动较大。一方面，国内外环境政策的不断收紧，煤炭产能过剩问题日益凸显，这导致一些煤矿企业关闭或转产，从而拉高了部分煤炭品种的价格；另一方面，国际市场需求不断增加，亚太地区特别是中国经济的快速发展，使得国际煤炭价格仍然处于上涨趋势。

影响煤炭价格的因素主要包括国际市场供需关系、政策法规、煤炭生产状态、煤炭运输成本等多个方面。近年来，政府大力发展清洁能源，促使一些高污染、高能耗的企业逐渐被淘汰，这也对煤炭价格产生了一定影响。

再者，市场竞争激烈是煤炭销售领域的一个普遍现象。随着行业进入门槛逐渐降低，煤炭产能过剩问题逐渐凸显，一些小型煤矿企业为了生存发展，不惜采取低价策略等手段来争夺市场份额，使整个市场竞争更加激烈化。同时，一些大型煤矿企业通过技术创新和管理优化，不断提高自身竞争力，进而占据市场主导地位。

总的来说，煤炭销售市场价格形势复杂多变，受多种因素影响。企业在应对这种市场环境时，需要不断优化产品结构、提高管理水平，掌握市场动态，以保证自身的竞争力和盈利能力。同时，政府应加强产能调节，规范市场秩序，推动煤炭行业转型升级，实现煤炭资源的可持续利用，促进煤炭产业的健康发展。

在当前煤炭销售市场中，一国煤炭价格形势的变化不仅会受到本国市场供需关系的影响，还会受到本国政策调控和国际市场波动的影响。在国内，政府对煤炭产能进行调控，限制过剩产能，以维护行业的稳定发展。同时，在国际市场上，国际煤炭价格的波动也会直接影响国内市场的价格走势。

针对这种多变的市场环境，煤炭企业需要不断提高自身的竞争力。除了技术创新和优化管理体系，企业还需要关注环保和安全生产，以提升企业形象和产品品质，赢得消费者的信任和支持。同时开拓多元化的销售渠道也是企业在市场竞争中脱颖而出的关键之一。

在政府方面，应该加强行业监管，规范市场秩序，严格执行产能调控政策，防止产能过剩导致价格波动。同时，政府还应加大对煤炭行业的政策支持力度，鼓励企业进行技术创新和转型升级，促进行业健康可持续发展。

总的来说，煤炭销售价格形势会受多方面因素影响，企业和政府需要共同应对市场变化，促进煤炭产业的良性发展，实现资源的可持续利用，推动经济社会的可持续发展。

在当前市场环境下，煤炭销售价格形势的变化无疑给企业和政府带来了机遇和挑战。企业需要根据市场需求调整生产和销售策略，注重提高产品品质和服务质量，提高市场竞争力。与此同时，政府也需加强监管，保障市场秩序，促进煤炭行业健康发展。除此之外，煤炭企业不仅可以加强与其他相关行业的合作，拓展销售渠道，提升市场份额，还应积极响应国家政策，加大技术创新和转型升级力度，提高自身核心竞争力。在未来的发展过程中，企业和政府需携手共同应对市场变化，实现煤炭产业的可持续发展，推动经济社会的持续繁荣。

四、煤炭销售管理现状

（一）传统销售管理模式分析

传统的煤炭销售管理模式通常包括采购、生产、库存管理、销售和物流等环节。在这一模式下，煤炭企业往往采用集中采购、集中统一供应、统一库存管理、统一销售等方式进行管理。这种模式的特点是有序性强、流程规范、管理便捷，但也存在一些问题。

传统的销售管理模式缺乏灵活性。由于采购、生产、库存管理、销售等环节都是根据固定的流程和程序进行操作的，导致企业在面对市场需求变化时难以做出及时调整，错失了一些商机。

传统销售管理模式信息流动不畅。信息在各个环节之间传递的时间和效率较低，导致企业在决策时基于其得到的信息不够及时和全面，容易出现误判。

传统销售管理模式存在着库存过多、销售渠道单一、成本控制不足等问题。由于库存管理是根据固定的规则和标准进行的，往往会导致企业库存过多，进而造成资金占用较多。同时，企业销售渠道单一，往往只依赖少数客户或渠道进行销售，一旦这些客户或渠道出现问题，企业的销售就会受到影响。

在成本控制方面，传统的销售管理模式多通过固定成本和费用进行成本控制，缺乏灵活的成本控制手段，导致企业在面对市场价格波动时难以有效应对。

为了解决传统销售管理模式中存在的问题，煤炭企业可以进行管理创新，并借助现代信息技术手段，实现销售管理的升级。现代销售管理模式应该是以客户为中心、数据驱动、智能化决策、实时反馈的管理模式。

现代销售管理模式能够更好地满足市场需求。企业可以通过数据分析和市场调研，了解客户需求和市场趋势，及时调整销售策略和产品结构，提高市场反应的速度和精准度。

同时，现代销售管理模式还能够提高信息流动效率。通过采用信息化技术，实现各个环节之间信息的快速传递和实时监控，提高决策的及时性和准确性，降低信息传递和处理的成本与人力成本。

在库存管理方面，现代销售管理模式可以借助大数据技术和智能化算法进行预测与优化，降低库存量，提高资金周转率和库存周转率，减少企业的运营成本和降低风险。

煤炭企业需要不断创新销售管理模式，借助现代信息技术，提高销售管理的效率和水平，更好地适应市场需求和竞争环境，实现可持续发展。

传统销售管理模式在当前市场环境下已经显得有些滞后，难以适应快速变化的市场需求和因竞争带来的压力。因此，煤炭企业要不断创新，探索更加适应现代市场的销售管理模式。

一方面，煤炭企业可以借助互联网和大数据技术，建立起全方位的数字化销售管理系统，实现线上线下销售渠道的无缝对接和数据共享，提升销售效率和快速响应能力。另一方面，煤炭企业可以加强与合作伙伴的合作，共同打造销售生态圈，实现资源共享和优势互补，共同应对市场挑战，实现合作共赢。同时，加强与客户的沟通和互动，深入了解客户需求，制订个性化的销售解决方案，提升客户满意度和忠诚度。同时煤炭企业还可以加大对销售团队的培训和激励力度，提升销售人员的专业水平和团队凝聚力，激发他们的创新意识和工作激情，共同推动销售业绩的持续增长。

总的来说，煤炭企业需要不断创新和改进销售管理模式，与时俱进，适应市场需求的变化，提高销售效率和市场竞争力，实现长远发展的目标。只有不断追求创新和进步，煤炭企业才能在激烈的市场竞争中立于不败之地。

（二）煤炭销售数据分析

煤炭是我国主要的能源资源之一，其销售对国家经济发展和能源安全至关重要。在现代社会，随着信息化技术的发展和企业管理模式的创新，煤炭销售模式也在不断进行改革和优化。为了更好地了解煤炭销售的现状和未来发展趋势，对销售数据进行详细分析是必不可少的。

煤炭销售数据的收集方式是关键环节之一。传统的煤炭销售数据收集主要依靠人工记录和报表汇总，存在数据获取不及时、不准确等问题。随着信息化技术的广泛应用，企业逐渐采用数据采集软件和系统来实现销售数据的自动化收集，包括销售额、销售量、销售时间等相关信息。这不仅提高了数据的准确性和实时性，也为销售决策提供了更有力的支持。

数据分析方法对煤炭销售决策至关重要。在过去，企业主要依靠经验和直觉来制订销售策略与计划，容易出现盲目和决策失误。现代企业则更多地采用数据分析方法，如数据挖掘、统计分析、预测模型等来对销售数据进行深入分析。通过对市场需求、竞争对手、销售渠道等因素的综合分析，企业可以更好地掌握市场动态，制定更科学合理的销售策略。

数据对销售决策的影响是显著的。通过对历史销售数据的分析，企业可以发现销售规律和趋势，更好地预测未来市场走向，有针对性地调整销售策略和计划。同时，销售数据也可以帮助企业优化销售流程和创新销售模式，提高销售效率和客户满意度。例如，通过大数据分析客户需求，个性化推荐产品，为客户定制服务，以提升销售额和增加市场份额。

煤炭销售数据的详细分析对企业管理和决策具有重要意义。只有充分利用信息化技术和数据分析方法，才能更好地把握市场现状，提高销售竞争力，实现煤炭企业的可持续发展。

煤炭销售数据一直是企业重点关注的指标之一，通过对销售数据的深入分析，企业可以更好地了解市场需求和竞争态势。同时，销售数据也是企业制定销售战略的重要支撑，只有通过科学的数据分析，企业才能精准地把握客户需求，调整产品结构，提高品牌知名度。在竞争激烈的市场环境下，利用销售数据进行市场定位和产品定位，有助于企业快速抢占市场份额，实现销售增长。

除此之外，销售数据还可以用于评估销售团队的绩效表现，通过对销售数据的监测和比对，企业可以及时发现问题，采取有效措施，提高销售人员的工作效率和销售质量。对销售渠道的管理和优化来说，销售数据更是不可或缺的参考依据，只有通过数据分析，企业才能发现潜在的销售机会和面临的风险，及时调整渠道结构和销售策略，保持竞争优势。

总的来说，煤炭销售数据分析的重要性不言而喻，企业只有不断地深挖数据背后的商业价值，才能在激烈的市场竞争中立于不败之地。销售数据的分析是企业制定销售策略和决策的重要依据。通过对销售数据的详细分析，企业可以更好地了解市场需求和竞争态势，有针对性地进行产品定位和市场定位，从而提高销售效率和市场占有率。同时，分析销售数据也可以帮助企业评估销售团队的表现和绩效，及时发现问题并采取措施进行改进，提升整体销售团队的绩效水平。

销售数据的分析对销售渠道的管理和优化至关重要。通过对销售渠道的数据进行监测和分析，企业可以及时调整渠道结构和销售策略，找到潜在的销售机会和面临的风险，保持竞争优势。只有通过不断地深挖销售数据背后的商业价值，企业才能在市场竞争中立于不败之地。

在当今激烈的市场竞争中，企业需要充分利用销售数据这一宝贵资源，不断优化销售管理模式，实现销售业绩的持续增长。只有通过数据驱动的销售策略和决策，企业才能更好地适应市场变化，满足消费者需求，推动企业的可持续发展。

（三）煤炭销售业绩评价体系

在现代煤炭销售领域，业绩评价体系的建立和运作至关重要。通过建立科学合理的评价体系，管理者可以有效地评估销售团队的工作表现，为企业决策提供数据支持，促进销售绩效的提升。

对煤炭销售业绩评价体系来说，制定评价指标是非常关键的一步。评价指标应该能够客观反映销售团队的整体表现和个人业绩，同时也要关注销售过程中的质量和效率。常见的评价指标包括销售额完成情况、市场份额增长、客户满意度、销售成本控制等方面。这些指标要能够量化和具体，以便于评估和比较不同销售人员或团队之间的表现差异。

在确定评价指标的基础上，选择合适的评价方法也是至关重要的。常用的评价方法包括定性评价和定量评价相结合，综合考虑销售业绩的多个方面。同时，企业也可以利用现代信息技术，建立销售数据分析平台，通过数据挖掘和统计分析，深入了解销售团队的表现和市场趋势，为销售策略的调整提供依据。

业绩评价对销售管理的影响是显著的。通过业绩评价，管理者可以及时发现销售团队的强项和弱项，有针对性地进行培训和指导，提高销售绩效和整体业绩。同时，进行业绩评价也可以激励销售人员积极进取，协助企业实现销售目标。通过对业绩评价数据的分析和应用，销售管理可以及时调整销售策略，优化销售组织架构，提高市场竞争力。

现代煤炭销售企业需要不断创新和完善业绩评价体系，以推动销售企业的健康发展和企业管理水平的提升。通过科学合理的评价指标和方法，有效评估销售团队的工作表现，为销售管理提供数据支持，实现销售业绩的持续增长。只有不断优化评价体系，及时调整销售策略，企业才能适应市场变化，赢得竞争优势，实现可持续发展的目标。

通过不断完善和创新煤炭销售业绩评价体系，可以有效提升销售团队的绩效和整体业绩。在评价体系的引导下，销售人员能够更加积极主动地面对市场挑战，提高销售技巧和服务水平。同时，评价体系也能帮助企业更好地了解市场需求和竞争情况，从而制定更加科学有效的销售策略。在实施评价体系的过程中，需要及时收集并分析销售数据，发现问题并采取相应措施，以确保销售业绩的持续提升。

在现代经济环境下，市场竞争激烈，企业需要不断创新，不断提高销售管理水平。通过建立健全的业绩评价体系，可以帮助企业更加精准地掌握销售团队的工作情况，及时调整销售策略，增强市场竞争力。同时，评价体系也可以为销售人员提供明确的发展方向和目标，激励他们不断进取，为企业创造更大的价值。

除此之外，业绩评价体系还能帮助企业建立起良好的企业文化和团队氛围。通过公平公正地对销售业绩进行评价，可以增强团队凝聚力，激发员工的工作热情和创造力。同时，评价体系的建立也能为企业提供重要的数据支持，帮助企业领导层做出更加明智的决策，推动企业不断向前发展。

建立完善的煤炭销售业绩评价体系对企业的经营发展至关重要。只有不断优化评价体系，不断提高销售管理水平，企业才能在激烈的市场竞争中立于不败之地，实现持续稳健的增长。只有不断提升自身实力，适应市场需求，才能在未来的发展道路上赢得更大的成功。

（四）煤炭销售策略与规划

在当前煤炭市场竞争激烈的形势下，企业需要制订合理的销售策略和规划，以提高市场竞争力并保持持续发展。企业要深入了解煤炭市场的供需情况，根据市场需求和竞争对手的情况，确定合适的销售定位和目标。

在制定销售策略的过程中，企业需要充分考虑市场变化和潜在风险，灵活调整销售方向和方式。例如，在市场需求较低时，企业可以通过开展营销活动、促销活动等方式来刺激市场需求；在市场竞争激烈时，企业可以通过提高产品质量、降低价格等措施来提升竞争力。

企业在实施销售策略时要注重与供应链的协调与合作。通过与供应商、分销商等合作伙伴的密切合作，可以降低成本、提高效率，实现销售目标。

在未来发展规划方面，煤炭企业需要不断创新和提升销售管理能力。通过引入现代信息技术和管理方法，优化销售流程、提高管理效率，实现销售业绩的持续增长。同时，企业还应加强对员工的培训和激励，打造高效团队，为企业发展提供坚实的人才保障。

总的来说，煤炭销售管理的创新应用对企业的发展至关重要。企业要根据市场需求和竞争情况，及时调整销售策略和规划，不断提升销售管理能力和水平，以应对市场挑战，保持持续发展。

在煤炭行业，销售策略和规划的重要性不言而喻。随着市场竞争的不断加剧，企业需要不断寻求创新，不断提高销售管理能力，以应对激烈的市场竞争。通过与供应链的协调与合作，煤炭企业可以实现销售目标，降低成本，提高效率。

在未来的发展规划中，煤炭企业需要不断引入现代信息技术和管理方法，优化销售流程，提高管理效率，实现销售业绩的持续增长。同时，煤炭企业还需要加强对员工的培训和激励，打造高效团队，为企业发展提供坚实的人才保障。

在面对市场需求和竞争情况变化时，煤炭企业需要及时调整销售策略和规划，不断提升销售管理能力和水平，以确保企业可以应对市场挑战，保持持续发展。

因此，制订科学合理的销售策略和规划，打造高效的团队，不断追求创新与发展，是每个煤炭企业所应该重视并努力实践的重要课题。希望随着研究的深入，煤炭行业能够拥有更加健康、可持续的发展模式，实现共赢。

第二节　煤炭销售创新应用研究

一、煤炭电商平台的创新

（一）电子商务对煤炭销售方式的影响

电子商务对煤炭销售方式的影响，是一个在当前煤炭行业中备受关注的话题。随着信息技术的快速发展，电子商务平台已经成为煤炭销售的重要渠道之一。通过电子商务平台，煤炭企业可以更加高效地进行市场开拓和销售，实现线上线下销售模式的结合。同时，电子商务平台还为煤炭企业提供了更多的销售渠道和合作机会，促进了煤炭市场的竞争和发展。

在当前煤炭市场供需不平衡的情况下，电子商务平台的出现为煤炭企业提供了更多的销售机会。通过电子商务平台，煤炭企业可以更加灵活地调整产品定价策略，快速响应市场需求，提高销售效益。同时，电子商务平台还可以帮助煤炭企业优化供应链管理，降低销售成本，提高销售效率，提升企业竞争力。

除此之外，电子商务平台还可以帮助煤炭企业建立更加完善的客户信息数据库，为企业提供更好的客户服务和营销策略。通过电子商务平台，煤炭企业可以实现对客户需求的精准分析和定制化服务，提高客户满意度，增加客户黏性，促进企业长期健康发展。

总的来说，电子商务对煤炭销售方式的影响是深远而积极的。通过电子商务平台，煤炭企业可以实现销售方式的创新，提高销售效率，拓展销售渠道，优化销售管理，增加销售收入。随着电子商务技术的不断进步和应用，煤炭销售方式将会更加多元化和智能化，为煤炭行业的发展开辟更广阔的空间。

电子商务的普及和发展为煤炭行业带来了前所未有的机遇与挑战。在这个信息化、数字化的时代，煤炭企业必须积极借助电子商务平台，利用其强大的功能和优势，实现销售方式的升级和转型。除了提高销售效率和节约销售成本，电子商务平台还可以为煤炭企业打开更广阔的市场空间，拓展更多的销售渠道。

随着消费者需求的不断变化和市场竞争的日益激烈，煤炭企业必须不断创新销售方式，开发新的销售模式，提供更个性化、定制化的服务。电子商务平台不仅可以实现线上线下的无缝衔接，打破传统销售模式的局限，还可以帮助企业建立起更加强大的品牌形象和口碑。通过电子商务平台的智能化分析和预测，煤炭企业可以更好地了解市场动态和客户需求，及时调整销售策略，提升市场竞争力。

电子商务可以促进煤炭企业与供应商、合作伙伴之间的信息共享和协作，优化整个供应链管理体系，实现物流和资金的高效流转。通过电子商务平台进行数据分析和监控，煤炭企业可以实现对库存和销售情况的实时监控，及时调整采购计划和管理库存，降低库存压力和资金占用，提高资金周转率和企业盈利能力。

总的来说，电子商务对煤炭销售方式的影响是全方位的，它不仅可以提高销售效率和降低销售成本，还可以拓展销售渠道、优化供应链管理、增强企业竞争力，为煤炭企业的可持续发展和成长提供强有力的支撑与保障。

（二）煤炭电商平台特点分析

作为煤炭销售管理创新的重要组成部分，煤炭电商平台具有独特的特点。煤炭电商平台实现了线上线下销售渠道的无缝对接，可以实现供需双方的高效对接和信息共享。煤炭电商平台的交易规范，透明度较高，保障了煤炭交易的安全性和公平性。通过大数据分析和人工智能技术，煤炭电商平台实现了对市场供需情况的及时监测和预测，为煤炭企业的决策提供了科学依据。同时煤炭电商平台还不断优化用户体验，提高了用户在平台上的交易便利性和满意度。煤炭电商平台的特点是实现了线上线下对接、交易规范透明、大数据技术支持、用户体验优化等方面的创新。

煤炭电商平台可以通过在线支付及时结算，降低了交易成本和风险。平台可以提供丰富的产品信息和价格指导，帮助用户更好地选择适合自己的煤炭产品。通过智能配送系统，煤炭电商平台实现了订单的快速配送和物流信息的实时追踪，提高了整个供应链的效率和可控性。通过建立健全的售后服务体系，平台可以及时处理用户反馈和投诉，提升了客户满意度和忠诚度。同时煤炭电商平台还积极推动行业标准的制定和执行，促进了整个煤炭市场的规范化和健康发展。通过不断创新和改进，煤炭电商平台将继续发挥重要作用，推动煤炭产业向更高质量和更高效率的方向发展。

煤炭电商平台的独特之处在于其整合了线上线下资源，借助交易规范透明的特点让用户感受到安全可靠的交易环境。大数据技术的支持更是让平台在市场竞争中保持领先地位，通过分析用户行为和偏好，实现精准推荐和个性化定制，为用户带来更加个性化的服务体验。同时，平台不断优化用户体验，致力于提升用户在平台上的满意度和忠诚度。

除此之外，煤炭电商平台还不断探究新的发展方向，积极采用新技术，如人工智能、区块链等，以提升平台的智能化和安全性。同时，积极参与行业标准的制定和执行，促进整个行业的规范化和健康发展。同时，平台注重售后服务的建设，保障用户权益，提高用户满意度。

未来，煤炭电商平台将继续不断创新和改进，为用户提供更加便捷、高效、安全的交易渠道和服务体验。通过与行业上下游企业的深度合作，推动整个煤炭行业向着数字化、智能化的方向迈进，为实现行业绿色、可持续发展贡献力量。在新的发展阶段，煤炭电商平台将继续发挥重要作用，成为行业发展的引领者和推动者。

（三）煤炭电商模式对传统销售模式的冲击

现代煤炭销售和企业管理创新应用研究是当前煤炭行业发展中的一个重要课题。随着市场需求的不断增长和竞争的日益激烈，煤炭销售管理的现状也面临着一些挑战。传统的销售模式在逐渐被现代化的煤炭电商模式所取代，这种新模式不仅给企业带来了更高效的销售方式，也对传统销售模式造成了一定的冲击。

在煤炭市场供需情况分析中，随着国家大力推进清洁能源发展，煤炭需求量虽然在逐渐减少，但在一定范围内仍然存在一定市场需求。传统的煤炭销售管理方式已经无法满足市场的需求，因此煤炭电商平台的出现成为一种必然趋势。通过煤炭电商平台，企业可以更加便捷地与客户进行交易，实现销售额的不断增加。

煤炭电商模式对传统销售模式的冲击不仅体现在销售方式上，更体现在销售管理和服务上。通过煤炭电商平台，企业可以实现对销售数据的实时监控和分析，更好地把握市场动态和客户需求，从而调整产品结构和营销策略。同时，煤炭电商模式的出现也促使企业加大研发投入力度，不断推出符合市场需求的新产品，提升企业的竞争力和盈利能力。

煤炭电商模式的出现给传统煤炭销售模式带来了一定冲击，同时也在促使企业加快转型，提升管理水平和服务质量。未来，随着煤炭市场的不断变化和电商平台的不断完善，煤炭销售和企业管理也将迎来更加广阔的发展空间。

煤炭电商模式的崛起是传统煤炭销售方式转型的一种必然趋势，从而推动了企业在销售管理和服务水平方面的不断创新与提升。煤炭电商平台的便捷性为企业和客户之间的交易带来了更高的效率与便利，同时也促使企业更加注重销售数据的实时监控和分析，从而更好地把握市场需求和客户动态。这种变革不只是一次表面性的升级，而是在推动企业加速研发创新，推出更符合市场需求的新产品和服务。在这种变革的推动下，企业管理水平和服务质量也将得到更大的提升，进一步增强了企业的竞争力和盈利能力。

未来随着煤炭市场的不断变化和电商平台的不断完善，传统销售模式可能会逐渐被煤炭电商模式所取代。企业将必须积极应对这一变革，加速信息化建设，拥抱"互联网+时代"，才能在日益激烈的市场竞争中立于不败之地。随着消费者对产品质量和服务要求的不断增加，企业还需要加大研发投入力度，不断提升产品质量和服务体验，以满足客户不断变化的需求。在这样的背景下，煤炭电商模式将成为推动企业转型升级的强大引擎，促使企业更加敏锐地洞察市场动态，更加客观地分析客户需求，从而实现销售额的突破性增加和企业利润的持续增长。

二、煤炭大数据在销售管理中的应用

（一）大数据分析在煤炭销售中的作用

煤炭销售管理是煤炭企业运营中至关重要的一环，通过大数据分析技术，企业可以更好地了解市场需求和供给情况，为销售决策提供数据支持。煤炭企业可以通过分析大数据，有效地预测市场走势，制定灵活的销售策略，提高销售效率和增加利润。同时，通过大数据分析，煤炭企业可以及时掌握客户需求，调整产品结构，提供个性化的销售服务，提升客户满意度和忠诚度。在竞争激烈的煤炭市场中，大数据分析能够帮助企业快速应对市场变化，保持竞争优势，实现销售额增加和企业可持续发展。

大数据分析技术在煤炭销售中的应用还体现在另外一个方面，那就是帮助煤炭企业更好地管理供应链。通过大数据分析，企业可以实时监测煤炭的生产、储存和运输情况，确保供应链畅通无阻。同时大数据分析还能够帮助企业优化库存管理，减少库存积压和损耗，提高资金利用效率。除此之外，大数据分析还可以帮助企业识别潜在的供应链风险，及时采取措施进行应对，保障供应链的安全稳定运行。通过有效地利用大数据分析技术，煤炭企业可以实现供需平衡，提高供应链的灵活性和效率，从而提升整体运营水平和竞争力。

大数据分析可以帮助煤炭企业进行市场定位和市场推广。通过分析大数据，企业可以更加准确地把握市场趋势，了解消费者偏好和需求，精准定位目标客户群体。基于大数据分析的市场定位，企业可以制定精准的市场推广策略，提升广告投放的效果和回报率。同时，大数据分析还可以帮助企业监测竞争对手的行动，及时调整自身的市场策略，保持市场竞争优势。通过大数据分析技术，煤炭企业可以实现市场精准营销，提升品牌知名度和市场份额，从而实现销售额增加和持续发展的目标。

大数据分析在煤炭销售中的作用，不仅可以帮助企业保障供应链的安全稳定运行，还能提升企业整体的运营水平和竞争力。除此之外，大数据分析还可以在销售过程中起到决策支持的作用。通过对大数据的深度挖掘和分析，企业可以更好地了解市场需求和客户价值，为销售策略的制定提供有力支持。

在销售过程中，大数据分析可以帮助企业实现精细化管理和个性化服务。通过分析客户的消费行为和偏好，企业可以为不同客户提供定制化的产品和服务，实现精准营销和个性化推荐。同时大数据分析还可以帮助企业建立客户画像，更好地了解客户需求，提高客户满意度和忠诚度。

大数据分析可以协助企业进行销售预测和库存管理。通过对历史销售数据和市场趋势进行分析，企业可以准确预测销售额和库存量，避免库存积压和销售短缺的情况发生。基于大数据分析的销售预测，企业可以制定合理的采购计划和销售策略，提高供应链的效率和运作流畅性。

总的来说，大数据分析在煤炭销售中的作用不仅局限于保障供应链的安全稳定和市场推广上，还涵盖了销售决策支持、精细化管理、个性化服务、销售预测和库存管理等多个方面。通过充分利用大数据分析技术，煤炭企业可以实现销售过程的智能化和优化，提升销售效率和竞争力，实现可持续发展的目标。

（二）大数据挖掘技术在销售预测中的应用

大数据挖掘技术在销售预测中的应用是当今企业管理中日益重要的一环。通过挖掘大量的销售数据，煤炭企业能够更准确地预测市场趋势和客户需求，从而制订更有效的销售策略和计划。利用大数据挖掘技术，企业可以分析客户的购买历史、偏好和行为，从而精准地锁定潜在客户，并为其量身定制产品和服务。同时大数据挖掘技术还可以帮助企业预测销售量、销售额以及市场份额，为达到企业的销售目标和业绩提供有力支持。

在煤炭销售管理中，大数据挖掘技术的应用尤为重要。煤炭行业是一个信息量大、数据庞杂的行业，通过大数据挖掘技术，企业可以更好地了解市场供需情况，把握行业动态，实现销售目标。例如，通过对历史销售数据的分析，企业可以预测不同产品在不同地区的销售趋势，灵活调整销售策略，及时满足市场需求。同时利用大数据挖掘技术，煤炭企业还可以实现供应链的优化管理，降低库存成本，提高资金利用效率。

总的来说，大数据挖掘技术在煤炭销售管理中的应用具有广阔的前景和重要的意义。通过充分利用大数据挖掘技术，煤炭企业可以实现销售预测的精准化和智能化，提高销售效率，创新销售模式，提升市场竞争力。相信随着科技的不断发展和应用，大数据挖掘技术将在煤炭销售管理中发挥越来越重要的作用，为行业的发展和进步注入新的活力。

通过大数据挖掘技术的应用，煤炭企业可以更好地洞察市场趋势，实现销售预测的精准化。例如，企业可以利用大数据分析平台，结合市场需求和产品供应情况，及时调整销售策略，提高销售效率。同时借助数据挖掘算法，企业还可以发现潜在的销售机会和识别风险，及时采取措施，降低潜在风险对销售目标的影响。

在供应链管理方面，大数据挖掘技术发挥着不可替代的作用。通过对供应链数据的分析和挖掘，煤炭企业可以实现供应链的优化管理，降低库存成本，提高资金利用效率。同时，企业还可以通过大数据挖掘技术实现供需匹配，减少供应链中的信息滞后和供需不平衡现象，提高供应链的运作效率和灵活性。

除了销售预测和供应链管理，大数据挖掘技术还可以帮助煤炭企业创新销售模式，提升市场竞争力。通过对消费者行为数据的挖掘和分析，企业可以更好地了解消费者偏好和需求，开发个性化的销售方案，提升用户体验，增加用户粘性。同时，企业还可以通过数据挖掘技术实现销售渠道的优化和管理，开拓新的销售渠道，拓展市场份额。

大数据挖掘技术在煤炭销售管理中具有重要的意义和广阔的前景。通过充分利用大数据挖掘技术，煤炭企业可以实现销售预测的精准化和智能化，优化供应链管理，创新销售模式，提高市场竞争力。可以预见，在大数据挖掘技术的不断发展和应用下，煤炭企业将迎来更加美好的发展前景，为行业的持续发展和进步注入新的动力。

（三）大数据在煤炭销售市场营销中的应用

现代煤炭销售和企业管理创新应用研究中，大数据在煤炭销售市场营销中的应用至关重要。随着时代的发展和技术的进步，大数据分析已成为许多行业提升竞争力和效率的关键。在煤炭销售领域，大数据的应用可以帮助企业更好地了解市场供需情况，优化销售策略，提高销售效益。

通过对大数据的深度分析，企业可以更准确地把握消费者需求和市场趋势，及时调整销售策略，实现精准营销。同时，借助大数据分析还可以帮助企业建立客户画像，推出个性化的营销方案，提高客户满意度和忠诚度。在煤炭销售市场上，借助大数据分析，企业可以更有效地管理供应链，优化库存，降低运营成本，提高企业整体竞争力。

大数据在煤炭销售管理中的应用可以帮助企业管理者发现潜在的销售机会和风险，做出及时决策，降低经营风险。通过对历史销售数据和市场趋势的分析，企业可以制订更科学的销售计划，提高销售额和增加市场份额。

总的来说，大数据在煤炭销售市场营销中的应用对企业管理创新具有重要意义，有助于提升企业的竞争力和市场地位，实现可持续发展。随着大数据技术的不断发展和完善，相信在现代煤炭销售过程中，大数据的应用将会发挥越来越重要的作用。

大数据在煤炭销售市场营销中的应用可以进一步提升煤炭企业的市场营销效率。通过对客户购买行为和偏好的深度分析，企业可以更准确地把握市场需求，制定个性化的营销策略，提高市场反应速度和销售转化率。同时，借助大数据技术，企业可以实时监控市场动态，及时调整营销方案，快速应对市场变化，抢占市场先机。

大数据在煤炭销售市场中的应用可以帮助煤炭企业建立与供应商和合作伙伴更加紧密的合作关系。通过数据共享和合作分析，企业可以实现供应链的协同优化，提高供应链效率，降低生产成本，提高整体利润。同时，大数据还可以帮助企业进行风险管理，识别供应链中的潜在风险并及时应对，确保供应链的稳定运行，保障生产和销售的顺利进行。

总的来说，大数据在煤炭销售市场营销中的应用不仅可以提升企业的市场竞争力和经营效率，还可以促进企业与各方合作伙伴更加紧密地合作，实现合作双方共赢发展。随着大数据技术不断深入发展，相信在未来的煤炭销售市场中，大数据的应用将会为企业带来更多的商机和发展机会。企业只有不断学习和应用大数据技术，才能在激烈的市场竞争中立于不败之地，实现可持续发展的目标。

在当今数字经济时代，大数据在煤炭销售市场中的应用已经成为煤炭企业提高市场竞争力和经营效率的重要手段。通过大数据技术的应用，企业可以更好地了解市场需求和潜在风险，从而灵活调整生产计划和销售策略，实现供应链的协同优化和利润最大化。同时，通过大数据分析还能帮助企业提前预测市场变化，把握市场脉搏，从而更有针对性地开展营销活动，提升销售效率和增加市场份额。

除此之外，大数据应用还有助于企业建立更加紧密的合作关系。通过数据共享和分析，企业能够与供应商和合作伙伴实现信息互通，共同探讨市场趋势和机遇，共同制定发展战略，共同应对市场挑战。这种合作模式不仅可以提升企业的综合实力，还可以降低生产成本，提高整体利润，实现合作双方共赢发展。

在未来，随着大数据技术的不断发展和应用，相信在煤炭销售市场中还会有更多的商机和发展机会等待企业去挖掘。企业只有不断学习和应用大数据技术，积极推进数字化转型，才能在激烈的市场竞争中立于不败之地，实现可持续发展的目标。因此，只有不断跟上时代的步伐，不断创新和进取，企业才能在竞争激烈的市场中立于不败之地，赢得更多机遇和发展空间。

（四）大数据在销售管理决策中发挥的作用

大数据在销售管理决策中发挥的作用是非常重要的。通过大数据分析，煤炭企业可以更准确地了解市场需求情况，从而制定更加精准的销售计划和策略。大数据可以帮助企业实时监控煤炭市场的波动情况，及时调整销售策略，以应对市场变化。大数据还可以帮助企业更好地理解客户需求，优化产品设计方案和市场定位，提高销售效率和增加销售额。通过深入挖掘和分析大数据，企业可以更好地把握市场趋势，制定更具竞争力的销售策略，保持竞争优势。在当前数字化时代，大数据已经成为企业进行销售管理决策的重要工具，能够帮助企业更好地应对市场挑战，实现销售业绩的持续增长。

大数据在销售管理中的作用不仅可以体现在市场需求的了解和销售策

略的优化上，它还可以帮助企业进行客户关系管理，通过分析客户数据和行为模式，实现个性化营销，提升客户满意度和忠诚度。通过分析大数据能够帮助企业进行库存管理和供应链优化，使企业可以及时调整采购计划和配送策略，降低成本，提高效率。大数据还可以在销售预测方面发挥重要作用，通过分析历史数据和趋势，预测市场走向和销售额，提前制定销售计划，降低风险，提高收益。在数字化时代，企业需要充分利用大数据技术，不断优化销售管理决策，实现持续增长和竞争优势。大数据的应用不仅是当前的趋势，也是企业成功的重要保障。通过深度挖掘和分析大数据，企业能够更好地适应市场变化，灵活应对挑战，实现销售目标，赢得市场份额，实现长期可持续的发展。

三、"互联网+"时代下的煤炭销售模式创新

（一）"互联网+"对煤炭行业的影响分析

在"互联网+"时代下，煤炭行业的销售模式正在经历着前所未有的变革。互联网技术的广泛应用，为煤炭企业提供了新的销售渠道和管理工具，同时也带来了一系列全新的机遇和挑战。通过对"互联网+"时代下煤炭销售模式创新的深入研究和分析，可以更好地把握行业发展趋势，提升企业竞争力和增加市场份额。

"互联网+"时代带来了煤炭行业销售模式的深刻变革，推动了销售管理方式的优化和升级。传统的煤炭销售模式面临着信息不对称、供需不平衡等问题，而互联网技术的应用可以实现销售链条的透明化和信息的及时传递，进而可以提高销售效率和客户满意度。

"互联网+"时代下煤炭销售模式创新应用的研究也涉及供应链管理、客户关系管理等方面。通过建立线上销售平台、智能化仓储管理系统，煤炭企业可以实现供需信息的实时匹配和产品的快速配送，提升市场反应速度和竞争优势。

"互联网+"对煤炭行业的影响分析需要考虑到技术更新换代、市场需求变化等因素。互联网技术的快速发展使得煤炭企业管理需要不断创新，拓展新的业务领域和发展方向，以适应市场变化和实现可持续发展。

综合而言，"互联网+"时代下的煤炭销售创新应用不仅可以提升企业管理效率和市场竞争力，同时也为行业的发展带来了更多可能性和机遇。通过深入研究和分析，可以有效把握"互联网+"时代下煤炭行业的发展趋势，推动企业持续健康发展。

在"互联网+"时代，煤炭行业的销售模式发生了革命性的变化，传统的销售模式已经不能满足市场需求。随着智能化技术的广泛应用，煤炭企业可以通过建立线上销售平台，实现供需信息的实时匹配和产品的快速配送，从而提升市场反应速度和竞争优势。智能化仓储管理系统的引入，使煤炭企业实现对仓储管理的精细化监控，进而大大提高管理效率。

除此之外，"互联网+"时代也为煤炭企业带来了更多的创新机遇，通过技术更新换代和不断拓展新的业务领域，煤炭企业可以更好地适应市场变化，实现可持续发展。随着消费者需求的不断变化，煤炭企业需要不断探索新的营销模式和服务方式，提高客户满意度和忠诚度。

在这个充满机遇和挑战的时代，煤炭企业需要认识到市场的变化和竞争的激烈性，不断优化企业内部管理，提高生产效率和产品质量。只有通过不断创新，不断完善自身的运营体系，煤炭企业才能立足市场，赢得更多的市场份额和客户信赖。"互联网+"时代为煤炭行业带来了发展的新机遇，唯有不断学习和进步，企业才能抓住机遇，实现行业的长期繁荣和发展。

（二）"互联网+"模式在煤炭销售中的实践

"互联网+"模式在煤炭销售中的实践是当前煤炭行业发展的一个重要趋势。随着互联网技术的迅猛发展，传统的煤炭销售模式已经逐渐不能适应市场的需求。而"互联网+"模式的应用，为煤炭销售带来了全新的机遇和挑战。通过互联网平台，煤炭企业可以更好地了解市场需求，实时跟踪煤炭价格波动情况，并与客户进行更加便捷的沟通和交流。

同时，"互联网+"模式也推动了煤炭销售管理的创新。通过大数据分析，煤炭企业可以更好地了解客户的需求和偏好，从而精准推出产品和服务。借助互联网技术，煤炭企业还可以实现供应链的智能化管理，提高生产效率和降低成本。

在"互联网+"时代下，煤炭销售创新应用研究逐渐成为煤炭企业的重要课题。一方面，煤炭企业需要探索更加智能化的销售渠道，结合互联网技术实现线上线下销售的互动；另一方面，煤炭企业需要加强与互联网平台的合作，共同探索"互联网+"模式在煤炭销售中的深度应用，实现销售模式的全面升级。

"互联网+"模式在煤炭销售中的实践具有重要意义，不仅可以为煤炭企业提供新的发展机遇，也为煤炭行业转型升级注入了新的动力和活力。在未来的发展中，煤炭企业需要不断创新，不断拓展思路，与时俱进，应对市场需求和技术变革的挑战，实现可持续发展的目标。

随着"互联网+"模式在煤炭销售中的不断实践，煤炭企业的管理方式和经营模式也在发生着深刻的变革。通过互联网技术的运用，煤炭企业可以实现对供应链的智能化管理，进一步提高生产效率和降低成本。同时，"互联网+"模式还为煤炭企业带来了全新的营销机遇，使得企业能够更加精准地把握市场需求，实现生产、销售与客户之间的无缝对接。

在这一新的发展机遇下，煤炭企业需要不断加强自身的技术创新能力，不断拓展销售渠道，积极开发新产品，满足不同客户群体的需求。同时，企业还需要加强与互联网平台的合作，共同推动行业的发展与升级。通过与互联网平台的深度合作，煤炭企业可以借助平台的资源和技术优势，加速创新步伐，实现销售模式的全面升级，提升企业在市场竞争中的竞争力。

总的来说，"互联网+"模式在煤炭销售中的实践为煤炭企业带来了前所未有的发展机遇和挑战。唯有不断创新，开拓思路，加强合作，企业才能更好地适应市场环境的变化，实现其可持续发展目标。随着技术的不断进步和市场的不断变化，煤炭企业管理者需要保持开放的心态，不断学习和改进，抓住机遇，迎接挑战，实现企业长期稳定的发展。

（三）"互联网+"时代下的企业管理创新

"互联网+"时代下的企业管理创新，是当前煤炭行业发展的必然趋势。在信息化和数字化的大背景下，传统的企业管理方式已经难以适应市场的需求和挑战。在这样的环境下，企业需要不断创新管理理念和方法，以应对激烈的市场竞争和变化。

在"互联网+"时代，企业管理需要更加灵活、高效和智能化。传统的集中式管理结构已经不能适应快速变化的市场环境，企业需要借助互联网技术实现管理的信息化和智能化。通过大数据分析、人工智能等技术手段，企业可以更好地了解市场需求，预测行业趋势，优化资源配置，提高管理效率。

企业管理创新不仅体现在管理技术上，也体现在管理理念上。在"互联网+"时代，企业需要打破传统的管理模式，注重构建员工的创新和激励机制，倡导平等沟通和协作，培养开放、共享的企业文化。只有这样，企业才能在激烈的市场竞争中立于不败之地，实现可持续发展。

"互联网+"时代给企业管理带来了前所未有的机遇和挑战。企业管理者要树立创新意识，勇于变革与创新，不断提升管理水平和竞争力，才能使企业在激烈的市场竞争中立于不败之地。

在"互联网+"时代，企业管理创新的重要性愈发凸显。传统的管理体系已经无法适应当今快节奏变化的市场环境，因此企业需积极借助互联网技术来实现管理的信息化和智能化。通过利用大数据分析、人工智能等工具，企业管理者能更好地洞悉市场需求，预测行业趋势，并有效优化资源配置，进一步提升管理效率。

正如著名管理学大师彼得·德鲁克所说，"管理是做正确的事情，领导是做事情正确"。在"互联网+"时代，企业管理不仅要关注技术手段的应用，更在于管理理念的创新。企业需要突破传统的管理束缚，重视建立员工的创新激励机制，提倡平等沟通和协作，打造开放、共享的企业文化。唯有如此，企业才能在激烈的市场竞争中保持竞争力，实现持续发展的目标。

在当今这个竞争激烈的时代，"互联网+"给企业管理带来了前所未有的机遇和挑战。企业管理者需要树立创新意识，积极推进变革与创新，持续提升管理水平和竞争力，方能使企业在市场中立于不败之地。只有不断适应变化，积极应对挑战，才能使企业在激烈的市场环境中站稳脚跟，赢得更好地发展。

四、绿色矿山在煤炭销售中的应用

（一）环保要求对煤炭销售的影响

环保要求对煤炭销售的影响是一个不容忽视的重要问题。随着人们环保意识的增强，政府对煤炭企业提出了更加严格的环保要求，这给煤炭销售行业带来了新的机遇和挑战。煤炭企业需要加大投入力度，改善生产工艺，减少污染排放，以满足环保要求。同时，环保要求也促使煤炭企业加快技术创新步伐，推动绿色矿山的建设，实现煤炭销售行业的可持续发展。在未来，政府提出的环保要求将继续对煤炭销售产生深远影响，煤炭企业需要不断创新，顺势而为，实现绿色发展。

随着人们环保意识不断增强，煤炭销售行业正面临着巨大的机遇和挑战。政府对煤炭企业提出更加严格的环保要求，促使企业必须加大投入力度，改善生产工艺，减少污染排放。在这一背景下，煤炭企业必须加快技术创新步伐，努力推动绿色矿山的建设，以实现煤炭销售行业的可持续发展。

随着科技的不断进步和人们环保意识的提高，煤炭企业已经开始采取更加积极的措施，如推广清洁煤技术、加强治理设施建设等。这不仅有助于减少环境污染，也为企业开拓了新的市场空间。为了应对政府环保要求带来的挑战，一些企业还开始投资研发绿色环保产品，拓展绿色煤炭的销售渠道。

政府环保要求促使煤炭企业加强与政府和社会的沟通与合作，共同推动煤炭销售行业向绿色、可持续的方向发展。企业可以与政府、环保组织、科研机构等建立合作关系，共同探讨制定环保技术和政策，在绿色矿山建设、废弃物处理、资源循环利用等方面进行深入合作，共同推动煤炭行业的可持续发展。

总的来说，环保要求对煤炭销售行业的影响是深远而多方面的，煤炭企业需要积极应对挑战，不断探索创新，加速绿色转型，实现可持续发展。只有这样，煤炭销售行业才能顺利应对环保压力，迎接未来的发展机遇。

（二）绿色矿山建设对销售市场的影响

绿色矿山建设对销售市场的影响在当前煤炭行业中显得尤为重要。随着人们对环保意识的提高，绿色矿山建设不仅是矿山企业的责任，同时也是未来行业发展的必然趋势。通过绿色矿山建设，可以有效地改善煤炭在开采过程中对环境的影响，减少矿山企业在销售中所面临的环境压力。同时，绿色矿山建设还可以改善矿山企业的形象，增强其在消费者心目中的品牌认可度，从而为销售市场的开拓和发展提供更为有利的条件。

除此之外，绿色矿山建设还可以为矿山企业带来更多的竞争优势。在绿色矿山建设的基础上，矿山企业可以推动销售模式的创新和升级，通过引入先进的销售管理技术和理念，提高销售效率和服务质量，从而赢得更多客户的青睐。同时，绿色矿山建设还可以吸引更多的投资者和合作伙伴，为矿山企业的发展带来更多的资金和资源，并进一步夯实其在销售市场中的地位。

总的来说，绿色矿山建设对销售市场的影响是多方面的，不仅可以改善煤炭行业的形象，提升销售市场的竞争力，还可以为企业带来更多的发展机遇。因此，矿山企业应当高度重视绿色矿山建设，积极探索绿色发展之路，不断完善自身的管理体系和绿色矿山建设措施，以实现可持续发展。

绿色矿山建设不仅可以为矿山企业带来更多的竞争优势，还可以对销售市场产生深远影响。绿色矿山建设可以提升企业形象，增加企业在市场中的话语权和影响力。借助绿色矿山建设所带来的环保优势，企业可以更好地满足客户日益增长的环保需求，从而打开销售市场的新格局。同时绿色矿山建设还可以促进企业与政府部门、民间组织之间的合作与沟通，推动形成一个良性的产业生态系统，为煤炭企业销售市场的稳定发展提供有力支持。

随着人们环境保护意识的不断提升，绿色矿山建设已经成为矿山企业发展的必然选择。通过不断提升绿色矿山建设水平，加强技术创新和管理创新，矿山企业可以不断提高自身的核心竞争力，赢得更多市场份额。在未来的发展中，绿色矿山建设将持续引领着矿山企业朝着更加环保、可持续的方向发展，为整个行业带来更多的发展机遇。只有不断深化绿色矿山建设，矿山企业才能在激烈的市场竞争中立于不败之地，实现可持续发展。

（三）绿色矿山理念在销售中的传播

绿色矿山理念在销售中的传播是当前煤炭行业发展中的一个重要议题。随着人们环保意识的增强，绿色矿山的理念逐渐受到关注和重视。在煤炭销售领域，绿色矿山的理念被广泛传播和推广，为企业的可持续发展提供了新的思路和路径。通过绿色矿山的建设，可以有效改善煤炭生产对环境的影响，提高企业形象和竞争力。同时，绿色矿山的理念在销售中的传播也为企业带来了新的商机和市场机遇。企业可以通过引入绿色矿山理念，创新销售模式，拓展绿色产品的销售渠道，满足社会对环保产品的需求。因此，绿色矿山理念在销售中的传播对促进煤炭行业健康可持续发展具有重要意义。

绿色矿山理念在销售中的传播在煤炭行业中起着至关重要的作用。随着人们环保意识的不断提高，越来越多的企业开始注重绿色矿山的打造。通过绿色矿山建设，煤炭企业可以减少对环境的负面影响，提升自身形象和竞争力。同时，绿色矿山理念的传播也为企业带来了更多的商机和市场机遇。

通过引入绿色矿山理念，企业可以创新销售模式，推出更多绿色产品，拓展销售渠道，满足客户不断增长的环保产品需求。这不仅促进了企业的可持续发展，也符合社会对环保和可持续发展的需求。

在当前环境下，绿色矿山理念不仅是一种经营观念，更是企业社会责任的具体体现。通过积极传播和推广绿色矿山理念，企业可以更好地融入社会，赢得更多消费者的认可和支持。

在未来的发展中，绿色矿山理念的传播将继续发挥重要作用，引领煤炭行业向着更加环保、可持续的方向发展。企业应该不断创新，加大绿色矿山理念的推广力度，为行业的健康发展做出更大的贡献。通过合作共赢的方式，共同推动绿色矿山理念在销售中的传播，实现企业经济效益和环保效益的双丰收。

（四）可持续发展理念在煤炭销售管理中的应用

可持续发展理念在煤炭销售管理中的应用在当今社会变得愈发重要。作为传统能源资源，在煤炭开采、加工和销售过程中所产生的环境问题日益受到社会关注。因此，引入可持续发展理念对煤炭企业的管理和销售带来了新的思路和挑战。企业需要在确保煤炭销售的同时，考虑如何减少对环境的影响，提高资源利用效率，实现经济、社会和环境的协调发展。

在煤炭销售管理中引入可持续发展理念，意味着企业需要从生产、供应链、市场推广等方面全面考虑可持续发展因素，重视节约资源、减少污染、完善企业在社会责任等方面的工作。通过制定并实施可持续发展战略，企业可以在激烈的市场竞争中脱颖而出，赢得更多的信任和支持。

综合来看，在当今社会，煤炭销售管理中应用可持续发展理念是必不可少的。企业需要积极践行可持续发展理念，不断创新管理模式，推动煤炭销售行业朝着更加绿色、环保、高效的方向发展，以实现其经济增长和社会效益。

现代社会对煤炭销售管理的要求日益增加，企业需要意识到自身的社会责任，积极推行可持续发展理念。除此之外，企业还应该重视节约资源、减少污染等方面的工作，推广清洁生产技术，不断创新管理模式，实现可持续发展。

在煤炭销售管理中，企业要注重产品绿色化和循环经济的发展。通过提高煤炭产品的环保性能，扩大绿色产品在市场中的份额，实现企业对绿色资源的有效利用。同时，推动循环经济的发展，实现废弃物的资源化利用和再利用，减少煤炭企业在生产和销售过程中对环境的负面影响。

企业应该加强与相关部门和社会组织的合作，共同推动煤炭销售管理的可持续发展。通过加强信息共享与交流，搭建企业间的合作平台，实现资源的共享和优势互补。同时，积极参与社会公益活动，提升企业形象，增强社会责任感，为实现企业煤炭销售管理的可持续发展做出贡献。

总的来说，煤炭销售管理中应用可持续发展理念不仅有利于企业的长期发展，也符合社会的发展需求。企业应该积极主动地践行可持续发展理念，积极推行绿色矿山建设、产品绿色化和循环经济发展等措施，努力实现煤炭销售管理的可持续发展，为社会经济的可持续发展贡献力量。

（五）煤炭企业的社会责任与运营发展

煤炭企业的社会责任与运营发展在当前的煤炭市场中显得尤为重要。作为重要的能源资源，煤炭的销售管理对企业的发展至关重要。绿色矿山建设不仅可以提升企业的形象，也能促进煤炭销售的创新应用。通过对煤炭市场供需情况的深度分析，企业可以更好地把握销售管理的现状，从而实现销售的可持续发展。企业在销售过程中要承担起社会责任，不仅要关注自身的利润，还要关心环境保护和社会发展的问题。只有在平衡企业发展和承担社会责任的基础上，企业才能真正实现可持续发展。

煤炭企业的社会责任与运营发展在当前的煤炭市场中显得尤为重要。作为重要的能源资源，煤炭企业的销售管理对企业的发展至关重要。绿色矿山建设不仅可以提升企业的形象，还能促进煤炭销售模式的创新应用。通过对煤炭市场供需情况的深度分析，企业可以更好地把握销售管理的现状，从而实现销售的可持续发展。企业在销售过程中要承担起社会责任，不仅要关注自身的利润，还要关心环境保护和社会发展的问题。只有在平衡企业发展和承担社会责任的基础上，煤炭企业才能真正实现可持续发展。

因此，煤炭企业在销售过程中需要注重与当地政府、环保组织和社会公众的沟通与合作，共同致力于打造绿色、可持续的煤炭产业。同时，企业应积极开展技术创新，推动煤炭产业向高效、清洁、低碳方向发展。在销售环节，企业还应加强对煤炭资源的管理和监控，遵守相关法规和标准，确保生产和销售过程的安全与可靠。

在推动销售发展的过程中，企业应重视员工培训和激励机制的建立，提高员工的专业素养和责任意识，增强团队的凝聚力和执行力。通过建立健全的内部管理体系和监督机制，企业可以更好地规范其销售行为，提升服务质量，满足客户需求，实现销售的稳定增长。

总的来说，煤炭企业的社会责任与运营发展是密不可分的。只有坚持绿色发展理念，积极承担社会责任，促进销售管理模式的创新，煤炭企业才能在激烈的市场竞争中立于不败之地，实现可持续发展的目标。

第三节　未来煤炭销售管理展望

一、数字化销售管理趋势

（一）人工智能技术在煤炭企业销售管理中的应用

人工智能技术在煤炭企业销售管理中的应用正逐渐成为促进煤炭企业发展的关键因素。人工智能技术的应用能够提高销售管理的效率和智能化水平，帮助企业更好地把握市场动态和客户需求，提升销售绩效和服务质量。通过人工智能技术，企业可以实现对销售数据的智能化分析和预测，为企业提供更准确的决策依据。同时，应用人工智能技术还可以实现销售流程的自动化和智能化管理，提高销售效率和客户体验。

随着人工智能技术的不断发展和应用，未来煤炭销售管理将呈现出更加智能化和数字化的趋势。企业可以通过应用人工智能技术实现对销售数据的实时监控和分析，及时调整销售策略和方案，提高销售效率和竞争力。同时，应用人工智能技术还可以帮助企业实现销售过程的智能化管理，优化销售流程，提升服务质量，提高客户满意度。

除了销售管理方面，人工智能技术在营销推广、客户关系管理、供应链管理等领域的应用也将进一步拓展。通过人工智能技术的应用，煤炭企业可以更好地了解客户需求，精准推送营销信息，提高营销效果和客户转化率。同时，应用人工智能技术还可以帮助企业建立客户画像和预测客户行为，为企业提供更科学的客户管理策略。

在未来的发展中，煤炭企业需要不断加强人工智能技术的研究和应用，提高技术创新能力，不断优化销售管理模式，实现销售方式和服务方式的创新。同时，企业还需要加强人才培养和团队建设，建立专业化的销售团队，提高销售人员的专业技能和销售能力，为企业的发展壮大提供有力支持。

总的来说，人工智能技术在煤炭销售管理中的应用将成为煤炭企业发展的重要驱动力。只有不断引入先进技术，不断优化销售管理模式，煤炭企业才能在激烈的市场竞争中立于不败之地，实现长期稳定经营和可持续发展。

人工智能技术在销售管理中的应用，对企业来说意义重大。它不仅可以帮助企业建立客户画像和预测客户行为，提供更科学的客户管理策略，还能让企业更好地了解市场需求，提高销售效率和客户满意度。未来的煤炭企业需要不断加强对人工智能技术的学习和应用，不断推动销售管理的创新，以适应不断变化的市场环境和客户需求。

随着科技的不断进步，煤炭企业在销售管理中的应用也将更加丰富多样化。通过人工智能技术，企业可以实现销售预测精准化、客户需求个性化、营销策略智能化等诸多方面的提升。同时，企业也需要注重人才队伍的建设，培养专业化的销售团队，提升销售人员的综合素质和专业技能水平，以适应市场激烈的竞争。

在未来的发展过程中，煤炭企业不仅要关注销售技术和管理模式的创新，还需要注重企业文化的建设，塑造企业的核心价值观，激发员工的工作热情和创新潜力。只有不断提升企业的综合竞争力，不断提高销售管理水平，才能在市场中立于不败之地，实现企业的长期稳定经营和可持续发展。

人工智能技术在销售管理中的应用将成为煤炭企业发展的重要推动力。煤炭企业人员需要不断学习和应用新技术，不断优化管理模式，为企业的发展注入新的活力和动力。

在当今竞争激烈的市场环境中，销售管理已经成为煤炭企业发展过程中不可或缺的一环。随着人工智能技术的迅速发展和应用，企业在销售管理方面迎来了新的机遇和挑战。为适应市场变化，企业需要不断优化销售策略，满足消费者需求，从而提升销售业绩和市场占有率。

在这个过程中，企业需要重视团队建设和人才培养。一支专业化、高素质的销售团队是企业取得成功的关键。通过培训和激励销售人员，提高他们的专业技能和综合素质，可以有效提升销售效率和服务质量。同时企业还需注重激励机制的建立，激发员工的工作热情和创新意识，使他们在工作中能够充分发挥个人潜力，为企业的长远发展贡献力量。

除了重视人才队伍的建设，企业还应注重企业文化的建设和核心价值的塑造。建立一种积极向上、开放包容的企业文化，可以凝聚员工的向心力和团队合作精神，增强企业内部凝聚力和战斗力。同时，也要明确企业的核心价值观和使命目标，引领员工树立正确的工作态度和价值取向，激发他们的创新潜力和工作激情。

在人工智能技术的助力下，煤炭企业在销售管理领域将迎来更多的机遇和挑战。通过不断学习和应用新技术，优化管理模式，煤炭企业将会在市场中稳步前行，实现长期稳健的发展。

（二）数据挖掘技术在销售预测中的应用

数据挖掘技术在销售预测中的应用越来越受到煤炭企业的关注和重视。通过分析历史销售数据和市场趋势，数据挖掘技术可以帮助企业预测其未来的销售量和销售额，从而提前调整市场营销策略和供应链。

数据挖掘技术可以帮助企业识别销售趋势和规律。通过分析大量的销售数据，数据挖掘技术可以发现不同地区和不同时间段的销售规律，帮助企业更好地进行销售预测，准确把握市场需求和竞争态势。

数据挖掘技术可以帮助企业进行市场细分和客户分析。通过对客户行为和偏好的数据进行挖掘分析，企业可以更加精准地定位不同类型的客户群体，制订个性化的营销策略和销售方案，提高销售效率和客户满意度。

数据挖掘技术可以帮助企业进行销售预测和库存管理。通过建立销售预测模型，企业可以根据市场趋势和需求变化，合理安排生产和制订销售计划，避免产生库存积压和销售滞后的问题，提高企业的经营效率和市场竞争力。

总的来说，数据挖掘技术在煤炭销售预测中的应用具有重要意义，可以帮助企业更加精准地把握市场需求和竞争动态，制定有效的销售管理策略，提高销售业绩和企业价值。随着信息化和数字化的推进，数据挖掘技术在煤炭销售管理中的应用将会越来越广泛，为企业实现可持续发展和创新提供有力支撑。

数据挖掘技术在销售预测中的应用对企业而言至关重要。借助数据挖掘分析客户行为和偏好，企业可以更好地理解客户需求，为不同类型的客户提供个性化的服务和推荐产品，从而提升客户满意度和忠诚度。

数据挖掘技术可以帮助企业进行销售预测和库存管理，提高供需匹配，减少库存资金占用并避免销售流失。通过数据挖掘技术建立的销售预测模型，企业可以更准确地预测市场趋势和需求变化，提前调整生产周期和制订销售计划，有效避免出现过剩库存和销售不足的局面，保持市场敏捷性和竞争力。

总的来说，数据挖掘技术在销售预测中的应用可以助力企业实现精细化管理，提高销售效率和客户满意度。随着信息化和数字化的深入发展，数据挖掘技术在销售管理中的应用将变得更加普遍，为企业持续发展和创新注入强大动力。企业若能充分利用数据挖掘技术，制订化销售方案，实时调整销售策略，就能在激烈的市场竞争中占据领先地位。数据挖掘技术的迅速发展可以为企业销售管理提供有力助力，其应用不仅能够提高生产和销售效率，还可以帮助企业更好地了解市场动态，制定灵活的销售策略，有效提升企业的竞争力，实现长期稳定发展。

（三）虚拟现实技术在销售体验中的应用

随着科技的不断发展，虚拟现实技术作为一种新兴的技术手段，将在煤炭销售领域展现出无限可能。虚拟现实技术可以为煤炭企业提供全新的销售体验，使客户可以通过虚拟现实设备身临其境地感受煤炭的开采现场、运输过程和使用场景，从而给其带来更加生动和直观的销售体验。

以往的煤炭销售方式主要是通过传统的电话、传真或面对面洽谈等方式进行，这种销售方式存在信息不对称、沟通效率低等问题。虚拟现实技术的应用可以打破这种固有模式，通过虚拟演示、虚拟体验等方式，让客户实实在在地感受到煤炭产品的品质和特点，帮助客户更好地了解产品，提高销售的效率和成功率。

虚拟现实技术可以为煤炭企业提供更多的营销渠道。通过虚拟现实技术，煤炭企业可以建立虚拟展厅、虚拟产品展示间等场所，让客户可以随时随地通过终端设备进行观看和体验，大大拓展了销售范围和渠道。同时，煤炭企业还可以利用虚拟现实技术在社交媒体平台上进行煤炭产品的展示和宣传，吸引更多的潜在客户。

虚拟现实技术的应用可以为煤炭销售管理带来更多的便利。通过采用虚拟现实技术，销售团队人员可以在虚拟环境中进行销售培训和销售模拟活动，提升销售团队的专业水平和销售技巧。同时，虚拟现实技术还可以提供实时数据分析和监控功能，帮助管理者及时了解销售情况，并及时调整销售策略，提高销售效率。

总的来说，虚拟现实技术在煤炭销售中的应用前景广阔，可以为煤炭企业带来全新的管理方式和销售体验。随着虚拟现实技术的不断完善和普及，相信煤炭销售管理的创新应用也将随之迎来更加美好的未来。

虚拟现实技术的应用不仅可以改变煤炭销售的方式，还可以为销售团队的培训和管理带来全新的可能。通过虚拟现实技术，销售团队可以进行更加生动和实用的销售培训活动，提高他们在销售过程中的应变能力和沟通技巧。同时，应用虚拟现实技术还可以为销售团队提供直观的数据分析和实时监控，让管理者可以更加及时地了解销售情况，为销售策略的调整提供有效支持。

除此之外，虚拟现实技术还可以在煤炭产品的设计和生产环节中发挥作用。通过虚拟现实技术，设计师可以在虚拟环境中对产品进行设计和调整，提高设计效率和产品质量。在生产环节中，虚拟现实技术可以为生产工人提供更加直观和安全的生产指导，减少在生产过程中的失误和事故的发生。

总的来说，虚拟现实技术在煤炭销售和生产管理中的应用潜力巨大。通过不断创新和实践，可以实现煤炭行业的数字化转型和管理升级，提高行业的竞争力和发展潜力。

二、煤炭销售网络化发展

（一）网络化销售渠道建设

网络化销售渠道建设对煤炭销售的影响和趋势是煤炭行业发展中一个不可忽视的方面。随着互联网技术的日益普及和智能化设备的广泛应用，传统的煤炭销售模式已经无法满足市场需求。网络化销售渠道的建设将为煤炭企业带来更多的机遇和挑战。

网络化销售渠道的建设将大大提高煤炭企业的销售效率和服务水平。通过网络化销售渠道，企业可以实现信息化管理，及时获取市场信息和客户需求，快速响应市场变化，提高销售效率。同时，网络化销售渠道还可以为客户提供更便捷的购买渠道和优质的售后服务，进而提升客户满意度，增强客户忠诚度。

网络化销售渠道的建设将有助于拓展煤炭企业的市场份额和拓展新兴市场。传统的销售模式往往会受到地域限制，而网络化销售渠道可以突破地域限制，实现全国乃至全球范围的销售和推广，提高企业在市场的竞争力，拓展新的市场空间。

网络化销售渠道的建设将促进煤炭企业与客户之间的互动和沟通。通过网络化销售渠道，企业可以与客户建立更紧密的联系，了解客户的需求和反馈，及时调整产品和服务，提升客户体验，建立稳固的客户关系，为企业持续发展提供坚实的基础。

总的来说，网络化销售渠道的建设是煤炭企业走向转型升级、实现可持续发展的必由之路。在实施网络化销售渠道建设的过程中，煤炭企业需要根据自身情况和市场需求，积极探索创新，冲破束缚，提高信息化技术应用能力，加强销售团队建设，建立完善的销售网络体系，不断优化用户体验，实现销售与管理的全面升级。

未来，随着互联网技术的不断发展和智能化设备的普及应用，网络化销售渠道建设将更加普及和深入，网络化销售成为煤炭销售的主流模式。只有通过不断创新和改革，不断提高企业的竞争力和服务水平，煤炭企业才能在激烈的市场竞争中立于不败之地，实现可持续发展。

在网络化销售渠道建设的实施中，煤炭企业需要不断寻求创新和突破，积极应对市场的挑战和变化。通过加强信息化技术的应用和销售团队的专业化培训，企业能够建立起高效的销售网络体系，实现业务的快速拓展和管理的精益化优化。随着行业的发展和需求的不断升级，企业需要不断优化客户体验，提升服务水平，持续构建良好的客户关系，从而为企业的稳固发展奠定坚实的基础。

未来，随着智能化设备的广泛应用和数据分析技术的深入发展，网络化销售渠道将进一步走向智能化和个性化。企业将借助大数据和人工智能等新技术，实现更精准的市场定位和产品推广，为客户量身定制更具吸引力的产品和服务。同时，企业还将加强与合作伙伴的合作及协同，共同推动销售渠道的优化和升级，实现更高效的资源整合和共享，为行业的可持续发展注入新的活力和动力。在数字化时代的浪潮中，煤炭企业将通过不断创新并适应市场的需求，走出一条可持续发展的道路，实现更加美好的目标。

随着数字化时代的快速发展，网络化销售渠道的建设已经成为企业发展的必然选择。未来，随着智能化设备和人工智能技术的广泛应用，企业将能够更好地洞察消费者需求，精准定位市场，为客户提供个性化的产品和服务。通过大数据的分析和人工智能的运用，企业能够更高效地进行市场营销和销售，实现更快速、精准的产品推广。

同时，企业也将加强与合作伙伴的合作，共同推动销售渠道的优化和升级。通过资源整合和共享，企业可以实现更有效的运营和管理，提高企业的竞争力。合作伙伴之间的协同作用，将为企业带来更多的商机和发展空间，推动行业的可持续发展。在数字化时代的浪潮中，企业需要不断创新和适应市场的需求，积极应对挑战。

网络化销售渠道的建设不仅是企业发展的战略举措，也是对客户需求的高度关注和服务水平的提升。通过构建良好的客户关系，企业可以赢得消费者的信任，实现业绩持续稳定的增长。

（二）云销售管理平台应用

云销售管理平台在煤炭销售中的应用情况日益受到重视。随着科技的不断发展，传统的销售模式已经无法满足客户的变化和复杂的市场需求，企业越来越倾向于采用云销售管理平台来提高销售效率、降低成本、提升服务质量。

云销售管理平台可以为煤炭企业提供更加高效的销售管理方式。通过云端平台，销售人员可以实时了解市场需求和煤炭价格波动情况，及时调整销售策略和价格，提高销售效率和精准度。同时，借助云销售管理平台还可以通过数据分析和智能算法帮助企业进行销售预测，为销售决策提供参考依据，减少经验主观性，降低销售风险。

云销售管理平台可以为煤炭企业提供更加便捷的销售管控手段。传统的销售管理往往需要繁琐的人工操作和大量的纸质文件，容易出现信息不实时、不准确的情况。通过云销售管理平台，销售数据和客户信息实现数字化管理，销售人员可以随时随地访问和更新数据，提高信息的准确性和可靠性，实现全面管控销售流程。

云销售管理平台可以提供更加个性化和定制化的服务。根据煤炭企业的特点和需求，云销售管理平台可以设置定制化的功能模块，满足企业特定的销售管理需求。销售人员可以根据自身工作习惯和需求来定制界面与功能，实现个性化的销售管理体验，提高工作效率和满意度。

未来，随着云计算和大数据技术的不断发展和普及，云销售管理平台在煤炭销售领域将会得到更加广泛的应用。煤炭企业可以借助云销售管理平台，实现销售网络化、智能化和数字化的转型升级，提升企业的竞争力和市场影响力。同时，云销售管理平台也可以为煤炭行业带来更多的创新和发展机遇，推动煤炭销售管理向更加科学、智能和高效的方向发展。

总的来说，云销售管理平台在煤炭销售中的应用是一个不可逆转的趋势。煤炭企业应及时跟上技术发展的步伐，积极采用云销售管理平台，提升自身的销售管理能力和水平，实现稳健增长和可持续发展。同时，政府和行业协会也应加大对云销售管理平台的支持和引导力度，共同推动煤炭行业的转型升级，实现绿色、智能、可持续发展的目标。

云销售管理平台应用的推广势在必行，正如潮流所示，逐步渗透到煤炭销售领域。煤炭企业纷纷借助这一平台，实现销售网络的数字化转型，不断提升其在市场竞争中的地位。随着云计算和大数据技术的飞速发展，云销售管理平台也不断迭代升级，为煤炭行业带来更多发展机遇。煤炭企业与云销售管理平台的结合，不仅会提升销售管理的智能化水平，也推动了销售业务的高效开展。

通过云销售管理平台，煤炭企业可以实现销售数据的实时监控和分析，在销售决策中更具有科学性和针对性。同时，云平台也为企业提供了更多个性化的市场营销方案，帮助企业更好地把握市场需求和客户喜好。在云平台的支持下，煤炭企业管理者能够更好地了解市场趋势，快速调整销售策略，提升市场反应速度。

除了提升企业销售管理水平，云销售管理平台的应用还为煤炭行业带来了更多的创新。通过数据分析和智能预测，企业管理者能够更准确地把握市场走向，避免带来市场风险和营销盲点。在云平台的支持下，煤炭企业管理者还可以实现销售流程的自动化和智能化，提升工作效率，减少人力资源成本。

总的来说，云销售管理平台的应用可以为煤炭企业带来前所未有的发展机遇和挑战。企业需不断提升自身的技术水平，加大对云平台的应用投入力度，才能在激烈的市场竞争中立于不败之地，实现可持续发展的目标。同时政府和行业协会也应积极支持与引导企业使用云销售管理平台，共同推动煤炭行业的转型升级，实现行业的绿色、智能化发展。

随着云销售管理平台的广泛应用，煤炭行业的发展进入了一个全新的阶段。企业不再盲目推销产品，而是应准确把握市场需求，及时调整销售策略。同时，云平台的智能预测功能也为企业提供了更加精准的数据支持，使销售决策更加科学和有效。在这样的背景下，煤炭企业能够更好地应对市场挑战，实现销售额的快速增长和盈利的稳定提升。

除了提升企业管理水平，借助云销售管理平台的应用还为煤炭行业带来了更多的创新。通过数据分析和智能预测，企业能够更准确地把握市场走向，避免带来市场风险和营销盲点。企业能够实现销售流程的自动化和智能化，提升工作效率，减少人力资源成本。这些都为煤炭企业的发展奠定了坚实的基础。

随着时代的发展和技术的进步，借助云销售管理平台必将成为煤炭行业发展的主要趋势。企业管理者需要不断学习和适应新技术，将云平台应用落实到销售管理的方方面面。只有这样，企业才能在激烈的市场竞争中立于不败之地，实现长期稳定的发展。同时，政府和行业协会也应当积极支持和引导企业管理者使用云销售管理平台，为整个煤炭行业的发展注入新的活力和动力。因此，云销售管理平台的应用不仅可以为企业带来更多的机遇，也可以为整个行业的转型升级带来更大的可能性。

（三）移动端销售应用拓展

移动端销售应用在煤炭销售中的拓展趋势和影响已经逐渐显现出来。

随着信息技术的快速发展和智能手机的普及，越来越多的煤炭企业开始意识到移动端销售应用的必要性和重要性。传统的煤炭销售模式主要依靠电话、传真和邮件等传统渠道进行订单的洽谈和确认，流程繁琐效率低，容易出现信息传递不畅和信息不准确的情况。移动端销售应用的出现，能够极大地提高销售人员与客户之间的沟通效率，实现即时交流和及时响应，提升销售流程的透明度和实时性。通过移动端应用，销售人员可以随时随地查看客户信息、产品价格、库存情况等数据，快速响应客户需求，提供个性化服务，提高客户满意度和忠诚度。

移动端销售应用可以帮助企业实现销售数据的统一管理和分析。通过移动端应用收集的各种销售数据，可以帮助企业进行销售趋势分析、客户行为分析、产品销售分析等，为企业销售策略的调整和优化提供有效的参考依据。同时，移动端销售应用也能够帮助企业实现销售团队的协同工作，提升销售人员之间的合作效率，促进团队之间的资源整合和信息共享。

在煤炭销售领域，移动端销售应用的拓展还意味着煤炭企业需要积极进行数字化转型和智能化发展，不断提升自身的数字化能力和信息化水平，顺应时代潮流，适应市场需求。面对激烈竞争和日益复杂的市场环境，煤炭企业必须加快推进数字化转型，利用移动端销售应用等新技术工具，提升自身的竞争力和市场影响力。

总的来说，移动端销售应用在煤炭销售中的拓展趋势和影响是不可逆转的。煤炭企业管理者应该认识到移动端销售应用的重要性，积极推进销售管理的数字化转型，抓住机遇，应对挑战，不断创新，推动行业向数字化、智能化、绿色化的方向转变，实现煤炭销售管理的现代化和网络化发展。未来，随着科技的不断进步和市场的不断变化，煤炭企业将面临更多的机遇和挑战，唯有不断创新，才能赢得持续的竞争优势，实现可持续发展。

数字化转型和智能化发展是当前煤炭企业面临的重要课题。随着科技的迅速发展和市场的日益竞争，传统的销售方式已无法满足当今的需求。移动端销售应用的拓展为煤炭企业带来了新的发展机遇。通过数字化转型，企业可以更好地把握市场动态，提高销售效率，增强竞争力。同时，随着消费者对便捷、快捷购物体验的需求不断增加，移动端销售应用的推广也将进一步促使煤炭企业改变传统销售模式，向数字化、智能化发展。

在移动端销售应用的支持下，煤炭企业可以实现线上线下联动，打破地域限制，拓展销售渠道，提升订单量。同时，移动端销售应用的数据分析功能也将帮助企业管理者更加精准地把握市场需求，制定更有效的营销策略。通过移动端销售应用，企业还可以提供更加个性化的服务，增强客户黏性，树立品牌形象。

随着移动互联网的普及和技术的不断革新，煤炭企业将面临更多的机遇和挑战。只有通过不断创新，不断学习与拓展，企业才能适应时代潮流，赢得市场份额。未米，随着智能化技术的应用不断深化，煤炭企业将迎来更多的发展机遇。只有紧跟潮流，积极进行数字化转型和智能化发展，才能实现企业的可持续发展。

三、煤炭销售可持续发展方向

（一）绿色矿山建设对销售管理的影响

绿色矿山建设是煤炭行业转型升级的重要举措，也是推动企业煤炭销售管理创新和提升煤炭市场竞争力的关键因素之一。在绿色矿山建设中，传统的煤炭采矿方式被改造升级，在致力于实现资源利用的最大化和环境友好目标的同时，也带动了企业煤炭销售管理方式的变革。

绿色矿山建设提升了煤炭企业的社会责任感和环境保护意识，促使企业更加重视在煤炭销售过程中的环保问题。企业在销售管理中不仅要考虑销售额的增长和市场份额的扩大，更要将环境保护放在首位，推动煤炭销售流程的绿色化和可持续发展。

绿色矿山建设带来了技术创新和管理模式的变革。通过引入先进的煤炭生产技术、信息化管理系统和智能化设备，煤炭企业能够实现销售管理的数字化、智能化，提高销售效率和服务质量。企业能够更好地了解市场需求，优化销售渠道，提升产品和服务的竞争力。

绿色矿山建设推动了企业与社会各方面的合作与共享。企业在销售管理过程中，需要与政府、行业协会、客户等多方合作，共同促进绿色矿山建设，共同推动煤炭销售行业的发展。通过合作共赢的模式，煤炭企业能够更加灵活地应对市场变化，实现销售管理的持续创新和发展。

未来，随着绿色矿山建设的不断深入和完善，煤炭销售管理将迎来新的机遇和挑战。煤炭企业需要不断提升管理水平，创新销售模式，不断调整销售策略，适应市场变化。同时，还需要加强与政府、社会、客户等各方合作，共同推动绿色矿山建设和煤炭销售管理的协调发展，实现煤炭销售的可持续发展。

总的来说，绿色矿山建设将对煤炭销售管理产生深远影响，进而推动煤炭企业管理创新和煤炭市场的变革。煤炭企业在销售管理中要以绿色矿山建设为契机，加强环保意识，推动销售管理方式的升级，实现绿色、智能、可持续发展，实现煤炭销售的新飞跃。

绿色矿山建设在促进煤炭销售管理创新方面发挥着重要作用，它为煤炭企业提供了新的发展机遇。随着人们环保意识的日益增强，煤炭企业管理者也在销售管理中注重绿色发展，积极探索绿色矿山建设带来的新模式。通过与相关部门和社会各界的合作，煤炭企业得以更好地整合资源，不断提升管理水平，提高产品品质，满足市场需求，实现销售管理的可持续发展。

绿色矿山建设不仅改变着煤炭企业的生产环境，也在推动着销售管理方式的转变。企业在面对市场变化时，需要更加灵活地调整销售策略，深入挖掘客户需求，不断推陈出新，提升竞争力。同时，绿色矿山建设也为企业带来了责任和压力，促使企业更加注重品质和服务，塑造良好的企业形象，树立可持续发展的企业形象，推动煤炭销售管理的升级。

　　未来，随着绿色矿山建设的不断深化，煤炭企业将迎来更多的机遇和挑战。企业需要不断完善管理机制，加强创新意识，积极适应市场需求变化，不断提升产品竞争力和市场占有率。只有在不断改革和创新中，煤炭企业才能在激烈的市场竞争中立于不败之地，实现销售管理的可持续发展。

（二）可再生能源替代在销售中的应用

　　可再生能源替代在煤炭销售中的应用逐渐成为一种趋势。随着全球气候变化问题的日益严重，各国政府和企业开始转向采取更环保与可持续的能源替代方案。在这种情况下，可再生能源如风能、太阳能和水能等逐渐成为煤炭的替代品，以减少对环境的破坏，降低温室气体排放。

　　在煤炭销售中，可再生能源的应用不仅体现在能源生产环节，也可以延伸到整个供应链管理中。一些企业开始将可再生能源纳入生产过程中，以提高生产效率，减少能源消耗。同时，在产品销售环节，企业也可以选择使用可再生能源进行物流和运输，以减少对环境的影响。

　　具体来说，在煤炭销售管理中，可再生能源的应用可以表现为其在供应链管理中的灵活运用。例如，在运输环节，企业可以采用可再生能源驱动的交通工具，如使用电动车辆或使用生物燃料，以减少对环境的污染。同时，在仓储过程中，企业也可以使用可再生能源供电的仓储设备，以减少能源消耗和碳排放。

　　未来，随着可再生能源技术的不断发展和成熟，可再生能源替代将在煤炭销售管理中扮演更加重要的角色。企业可以通过引入智能化技术和数据分析，优化能源使用和管理，从而实现能源成本的降低和环保效益的提升。同时，政府也可以出台更多的政策支持和激励措施，推动企业向可再生能源替代转型，促进煤炭销售行业的可持续发展。

　　总的来说，可再生能源替代在煤炭销售中的应用是一个不可逆转的趋势。通过引入可再生能源替代，可以实现能源消耗的优化和环保效益的提升，也可以为煤炭销售管理带来新的机遇和挑战。在未来的发展中，企业需要不断创新和改进管理模式，积极应对可再生能源替代带来的机遇和挑战，推动煤炭销售行业向更加环保和可持续的方向发展。

随着可再生能源技术的不断成熟和普及，煤炭销售领域也将迎来新的机遇和挑战。从长远来看，可再生能源替代将成为行业发展的主要趋势，企业需要加强研发和创新，不断提高可再生能源在销售中的应用水平。同时，政府也需要提供更多的政策支持和激励措施，引导企业向可再生能源转型，推动煤炭销售行业朝着绿色、可持续的方向发展。

在实践中，一方面，企业可以通过优化生产工艺，改进能源利用效率，开发和应用先进的可再生能源技术，降低能源成本，提高企业竞争力。同时企业还可以加强与科研院所、产业链上下游企业的合作，共同推动可再生能源替代在销售中的应用，实现资源共享、互利共赢。另一方面，政府可以加大对可再生能源领域的投入和支持力度，建立健全的政策体系，为企业提供更好的政策环境和市场保障。同时政府还可以倡导和推广可再生能源替代的理念，引导广大企业和消费者树立环保意识，积极参与可再生能源的推广和应用行动。

在未来的发展中，可再生能源替代将成为行业发展的必然选择。企业应积极响应国家政策号召，加强创新能力建设，加快技术更新和转型升级，推动可再生能源在销售中的广泛应用，为推动我国经济可持续发展做出积极贡献。

（三）社会环保责任落实与销售协调发展

在当前社会环境中，越来越多的企业开始意识到环保责任对其的重要性。煤炭行业作为一个传统的能源行业，也逐渐开始注重环保责任的落实。针对煤炭销售环节，企业在实现盈利的同时，也开始考虑如何保护环境和资源，以实现可持续发展。

在煤炭销售中，绿色矿山的应用是一个重要的创新方向。绿色矿山是指在矿山开采和生产过程中，注重资源的合理利用、环境的保护和员工的健康安全管理。通过绿色矿山建设，可以减少污染和浪费，提高资源利用率，为企业的可持续发展打下良好基础。

在煤炭销售管理方面，企业需要不断探索创新。通过引入信息化技术和智能化系统，企业可以实现销售过程的精细化管理和智能化运作。这不仅可以提高销售效率，减少人力成本，还可以更好地满足客户需求，提升企业的竞争力。

在社会环保责任落实与销售协调发展的过程中，企业面临着一些机遇和挑战。一方面，企业需要承担更多的社会责任和环保责任，这会增加企业的成本和压力；另一方面，社会对企业环保和可持续发展的要求与呼声越来越高，企业如果能够积极响应并实践环保责任，将会获得更多的社会支持和认可。

未来的煤炭销售管理将面临更多的机遇和挑战。随着社会的发展和人们环保意识的提升，煤炭企业需要不断创新，提升销售管理水平，实现绿色可持续发展。只有将社会环保责任落实到销售中，企业才能实现销售与环保的协调发展，为煤炭行业的可持续发展打下坚实基础。

煤炭销售不仅需要满足市场需求和收获企业经济利益，而且需要考虑社会责任和环保责任的落实。通过绿色矿山和智能化销售管理的应用，煤炭企业可以实现销售与环保的协调发展，为行业的可持续发展做出贡献。

未来的煤炭销售管理将会在社会环保责任和经济利益之间保持平衡。随着社会的进步和人们环保意识的增强，煤炭企业需要更加注重环保责任的履行，以获得社会的支持和认可。在销售中融入环保理念，不仅能够提升企业形象，也能够推动其绿色可持续发展。通过绿色矿山和智能化销售管理的运用，煤炭企业可以更好地响应社会的环保需求，实现销售与环保的协调发展。

值得注意的是，未来的煤炭销售管理需要更多地关注环保技术的创新和应用。只有不断引进先进的环保设备和技术，才能实现绿色煤炭生产和销售。同时，重视员工的环保意识培训也是至关重要的，员工作为企业的基础，他们的环保意识和责任感将直接影响到企业的环保实践与销售管理。

　　未来，煤炭企业在销售管理中还需注重与各方利益相关者的合作与沟通。只有与政府、社会团体、消费者等各方建立良好的合作关系，才能更好地推动煤炭行业的可持续发展。同时，企业还应坚持诚信经营，提高产品质量，不断满足市场需求，通过良好质量的产品和服务赢得消费者的信任与支持。

　　总的来说，未来的煤炭销售管理需要在承担环保责任和取得销售利益之间取得平衡，实现销售与环保的协调发展。只有在环保意识的引领下，煤炭企业才能实现更好的可持续发展，并为社会环保事业做出积极贡献。

（四）煤炭资源节约利用与销售管理的整合

　　煤炭资源作为我国的重要能源之一，在实现可持续发展的过程中发挥着至关重要的作用。煤炭销售管理是实现煤炭资源节约利用的重要环节之一，其发展与现代企业管理创新密切相关。在当前经济形势下，煤炭市场供需矛盾依然存在，煤炭销售管理也面临诸多机遇和挑战。

　　煤炭销售现状分析显示，我国煤炭市场供应量虽庞大，但需求不断扩大，市场需求呈现多元化趋势。随着煤炭资源的持续开采和利用，煤炭销售市场竞争日益激烈。煤炭企业需要不断提高管理水平和服务质量，以适应市场需求的变化。

　　煤炭销售管理现状中存在一些问题，如传统的销售模式过于僵化、信息化水平不高、管理手段落后等。这些问题不但会制约煤炭销售的发展，也会影响煤炭资源的合理利用。在这种情况下，煤炭销售管理的创新应用显得尤为重要。

　　煤炭销售管理的创新应用研究已经成为煤炭企业发展的重要课题。绿色矿山技术是煤炭销售管理中的一项重要创新。通过推广绿色矿山开采和生产技术，可以有效提高煤炭资源的利用率，减少对环境的影响，实现可持续发展。同时，绿色矿山技术也可以提升企业形象，提高其市场竞争力。

未来煤炭销售管理展望显示，随着信息技术的发展和企业管理理念的更新，煤炭销售管理将向更加智能化、数字化和网络化的方向发展。煤炭企业可以通过大数据分析、物联网技术等手段，提升管理效率，优化资源配置，提高市场反应速度，为其创造更多的价值。

煤炭企业要想可持续发展就需要注重资源节约利用与销售管理的整合。煤炭资源是有限的资源，如何合理利用煤炭资源、实现绿色发展已成为行业发展的关键问题。煤炭企业应通过技术创新、管理创新等手段，实现对资源的高效利用，同时关注生态环境的保护，实现可持续发展。

煤炭资源节约利用与销售管理的整合是企业发展的必然选择。通过煤炭销售创新应用研究，煤炭企业可以实现资源的合理配置，提高市场竞争力，为我国煤炭行业的发展做出积极贡献。在未来的发展中，煤炭销售管理只有不断迎来新的机遇和挑战，企业需要不断创新，提高管理水平，才能在激烈的市场竞争中立于不败之地。

在当今社会，煤炭资源的可持续利用和销售管理已成为煤炭企业向前发展的重要动力。随着科技的不断进步和世界环境问题的日益凸显，煤炭企业必须积极采取措施来合理配置资源，提高市场反应速度，为企业创造更多的价值。

在资源有限的情况下，企业需要运用科技手段和管理创新来提高资源利用效率，并注重环保问题。只有通过创新，企业才能实现资源的最大化利用，并在市场竞争中立于不败之地。

未来，煤炭销售管理仍将面临各种机遇和挑战，只有不断创新，不断提高管理水平，企业才能在市场中脱颖而出。煤炭企业必须紧跟时代潮流，不断进行技术创新和管理创新，才能实现企业的可持续发展。

总的来说，煤炭资源的节约利用与销售管理的整合已经成为煤炭企业前行的必然选择。只有通过合理配置资源、提高市场反应速度，企业才能在激烈的市场竞争中立于不败之地，进而为企业的发展创造更多的价值。

第二章　现代煤炭销售应用研究背景介绍

第一节　煤炭销售市场现状分析

一、全球煤炭需求情况

在全球范围内，煤炭一直是主要能源资源之一，被广泛应用于发电、钢铁生产、化工等领域。然而，随着人们环保意识不断提高和新能源技术的发展，全球对煤炭的需求逐渐下降。据统计，自2015年以来，全球煤炭需求呈现出持续下降的趋势，尤其是在欧美等发达国家。

欧盟作为全球最大的煤炭消费市场之一，自从实施《巴黎协定》后，大力推进清洁能源的应用，逐步减少对煤炭的依赖。作为世界第二大煤炭消费国，尽管美国政府曾经提出支持煤炭产业的政策，随着页岩气等替代能源的应用，煤炭需求也在逐渐减少。

亚洲地区是全球最大的煤炭消费市场，尤其是中国和印度等国家。然而，随着环保政策的不断推进和清洁能源的逐步普及，亚洲国家的煤炭需求也在减少。特别是中国，作为全球最大的煤炭生产国和消费国，近年来一直在积极推动煤炭产业的结构调整和转型升级，以减少生产和使用煤对空气的污染问题。

尽管全球煤炭需求呈现下降趋势，但在一些新兴经济体和发展中国家，煤炭仍然是主要能源资源之一。例如，印度作为全球第三大煤炭消费国，其对煤炭的需求仍在增长，主要用于发电和工业生产。俄罗斯、南非等国家也在继续发展煤炭产业，以满足国内需求和出口市场。

煤炭需求的下降将会受到全球经济增长放缓的影响。随着全球经济的不稳定性和不确定性加剧，一些工业国家的经济增长放缓，导致其对能源的需求减少，其中就包括煤炭。

综合以上因素，全球煤炭需求的下降趋势将对煤炭销售市场带来重大影响。煤炭生产和销售企业需要密切关注市场变化，灵活调整经营策略，提高产品质量和服务水平，寻找新的市场机遇和发展方向。只有适应市场变化，抓住机遇，企业才能在激烈的竞争中立于不败之地。

在这样的市场环境下，煤炭企业需要进行创新管理和技术应用，提高生产效率和产品质量，降低生产成本，提升竞争力。同时，煤炭企业还需要积极推进技术创新，制定清洁生产和环保措施，传统的煤炭生产模式已经无法适应现代社会的发展需求，必须通过创新来实现其可持续发展。

总的来说，全球煤炭需求的下降趋势虽给煤炭销售市场带来了重大挑战，但也为煤炭企业带来了发展的机遇。只有通过技术创新和管理创新，不断提升企业的竞争力和可持续发展能力，才能在激烈的市场竞争中立于不败之地。希望煤炭企业能够积极应对挑战，不断提升自身实力，实现更好的发展。

在当前全球煤炭需求下降的背景下，煤炭企业需要认清市场形势，主动适应变化，积极探索新的发展机遇和方向。除了提高生产效率和产品质量，企业还需注重品牌建设和市场营销，不断提升产品附加值和服务水平。同时，加强科研力量，推动技术创新，不断完善生产工艺和提升产品环保性能，以适应社会对绿色低碳的需求。

煤炭企业应着眼于市场多元化，积极开拓国内外新兴市场，拓展产品应用领域，提升国际竞争力。在国内市场，可以加强与电力、化工等行业的合作，拓展煤炭产品的多元化利用途径。在国际市场，煤炭企业可以结合共建"一带一路"倡议，加强与共建国家之间的合作，推动煤炭产业的国际化发展。同时，煤炭企业还可以加大对清洁能源技术的研发和应用力度，积极探索煤炭清洁化转型的新路径。

在激烈的市场竞争中，只有不断追求创新和进步，不断完善企业管理机制和技术设备，才能立于不败之地，实现持续发展。煤炭企业要树立长远眼光，勇于拥抱变化，勇攀科技高峰，不断开拓前行，迎接新的发展挑战。因为只有适应市场的需求，把握机遇，才能在竞争激烈的市场中脱颖而出，实现良性发展。

二、煤炭价格波动影响因素

对煤炭销售市场的影响，煤炭价格的波动是一个十分重要的因素。煤炭价格的波动受到多种因素的影响，包括供需关系、政策法规、国际市场变化、天气等。供需关系是其中最为重要的因素之一，当市场供大于求时，价格往往会下跌；相反，当市场需大于求时，价格则会上涨。同时政策法规的制定和调整也会对煤炭价格产生直接影响，一些政策的实施可能会导致价格上涨或下跌。国际市场的变化是一个不可忽视的因素，全球煤炭市场的波动会直接影响国内市场的价格。另外，天气因素也会对煤炭价格产生影响，如强降雨或者严寒天气可能会导致供应不足而价格上涨。

煤炭价格的波动给煤炭销售管理带来了一定的挑战。企业需要及时了解市场的价格变化，以便及时做出调整。价格的波动可能会导致企业成本的波动，如果不能及时调整销售策略，可能就会导致企业盈利的下降。价格波动也会影响企业的库存管理。当价格上涨时，企业可能会增加库存量以应对未来的价格上涨；如果价格下跌，企业的库存量可能会变成负担。因此，企业需要谨慎评估市场价格的变化，做出合理的库存管理决策。同时价格波动也会对企业的销售策略产生影响。在价格上涨时，企业可能会选择增加广告宣传，提升品牌知名度；在价格下跌时，企业可能就会选择降低产品价格，吸引更多客户。

煤炭价格的波动是煤炭销售管理中一个十分重要的影响因素。企业需要及时了解市场价格的变化，做出合理的销售策略调整和库存管理决策，以应对价格波动给企业带来的挑战。只有通过科学的销售管理和企业创新应用，企业才能在激烈的市场竞争中立于不败之地。

煤炭价格的波动不仅会影响企业的库存管理和销售策略，还会对企业的财务状况产生影响。价格波动会直接影响企业的盈利能力和资金的流动性，从而影响企业的财务健康状况。在价格上涨时，企业可能需要增加资金投入以应对成本上升；在价格下跌时，企业可能面临盈利下滑的挑战。因此，企业需要根据价格波动的情况及时调整财务计划，保障企业的经济稳定和可持续发展。

煤炭价格的波动会影响企业的供应链管理。供应链是企业核心竞争力的重要组成部分，而价格波动可能导致供应链不稳定，影响原材料供应、生产计划和产品交付。在价格波动较大的情况下，企业需要加强与供应商和客户的沟通与协调，确保供应链各个环节的顺畅运作，以减少价格波动带来的风险。

煤炭价格波动会影响企业的竞争地位和市场份额。在价格波动的市场环境下，企业需要灵活应对，调整产品定位和市场策略，保持竞争力，并根据市场需求做出及时的产品创新和推广计划。只有通过不断的市场调整和策略优化，企业才能在价格波动的市场中脱颖而出，获得更大的市场份额和盈利空间。

煤炭价格波动是企业在经营管理中一个不可忽视的因素，企业需要构建敏感的市场感知机制，灵活应对价格波动带来的挑战，以保持竞争优势和实现可持续发展。企业应加强内部管理和外部合作，构建多元化的风险防范机制，以更好地适应市场的变化和面临的挑战。只有不断改进和创新，煤炭企业才能在竞争激烈的市场中立于不败之地。

第二节 煤炭销售管理现状

一、传统煤炭销售方式

传统煤炭销售方式通常是由煤炭生产企业与煤炭经销商之间达成直接的合作与供销关系。煤炭生产企业负责生产煤炭产品，然后将其交由经销商进行销售和分发。这种方式存在着以下一些明显的特点和问题。

一是传统的煤炭销售方式存在着信息不对称的问题。生产企业与经销商之间信息传递不及时、不完整，导致供需双方之间出现信息不对称情况，可能会导致出现一些不必要的误解和矛盾。由于销售过程中的中间环节较多，煤炭产品的价格会因为中间环节的加成而逐渐升高，最终影响到产品的正常销售和竞争力。同时传统销售方式也存在着效率低的问题，由于信息传递不及时、交易环节繁琐，导致了销售过程时间长、效率低，无法满足现代市场的快速需求。在这种情况下，传统煤炭销售方式亟待改革和创新。现代信息技术的发展为煤炭销售管理带来了新的机遇与挑战。通过信息技术的应用，可以实现销售过程的信息化、网络化、智能化，提高销售效率、降低管理成本、增强市场竞争力。同时，企业也可以通过建立更加直接、高效的供销关系，优化销售渠道，降低产品价格，提高产品质量，从而满足市场需求，增强企业的持续竞争力。

二是在传统销售方式的改革与创新中，煤炭企业需要更多地关注市场需求、加强与经销商的合作与协调，借助信息技术手段，建立起更加便捷、高效的销售管理系统，实现供销双方信息共享、协同办公、数据分析等功能。通过建设网络化销售平台，可以实现煤炭产品的在线展示、在线订购、在线支付等功能，方便客户选择煤炭产品，提高销售效率，降低成本。

三是在当今竞争激烈的市场环境下，煤炭企业必须不断更新自身的销售手段和管理方式，以适应市场的需求和发展趋势。传统销售方式的改革与创新是企业提升竞争力的关键所在。通过建立自身的品牌形象，提高产品质量和服务体验，加强与客户的沟通与合作，可以为企业赢得市场份额，提高市场占有率，实现持续增长。同时，企业还需要不断提升管理水平，优化内部流程，降低经营成本，提高效益，为企业的可持续发展奠定坚实基础。

四是在探索新的销售方式的过程中，煤炭企业可以充分利用互联网和大数据等现代信息技术手段，拓展线上销售渠道，探索新的市场空间，拓宽营销渠道，吸引更多的客户资源，提升企业的知名度和美誉度。同时，企业还可以通过建立完善的售后服务体系，提高客户满意度，保持客户忠诚度，扩大市场份额，实现企业持续发展。

传统煤炭销售方式的改革与创新是企业发展的必由之路。企业需要不断寻求突破和创新，顺应市场需求，提高自身的竞争力，实现可持续发展。只有不断努力进取，企业才能在激烈的市场竞争中立于不败之地，赢得更广阔的发展空间和更美好的未来。

二、现代煤炭销售管理技术应用

随着社会经济的不断发展，煤炭作为重要的能源资源，其销售管理模式也在不断更新和优化。现代煤炭销售管理技术应用的意义重大，可以提高煤炭销售效率，降低成本，增加企业竞争力。在当前市场竞争激烈的情况下，煤炭企业需要不断创新管理模式，提升服务质量，满足客户需求。通过运用现代技术手段，如大数据分析、互联网营销等，可以实现销售过程的智能化、精准化，为企业的发展注入新动力。

现代煤炭销售管理技术的应用，为煤炭企业带来了巨大的益处。通过大数据分析，企业可以更准确地了解市场需求和趋势，有针对性地制定销售策略，提高销售效率。同时，互联网营销平台的使用，使得企业可以更广泛地触达潜在客户，提升品牌知名度和增加市场份额。

随着科技的不断进步，煤炭企业可以借助智能化技术实现销售过程的自动化和精准化。例如，利用智能化的销售系统，可以自动跟踪客户的购买历史和偏好，为客户提供个性化的产品推荐，提升客户满意度。同时，智能化的库存管理系统可以帮助企业实现库存的及时补给和高效利用，进而减少库存积压和浪费。

在竞争激烈的市场环境下，煤炭企业需要不断创新管理模式，提升服务质量，以满足客户对煤炭产品的多样化需求。有效的销售管理技术应用不仅可以提高企业的竞争力，还可以为企业的发展注入新的动力。未来，随着科技的不断创新，现代煤炭销售管理技术的应用将持续发挥重要作用，推动煤炭行业的进步与发展。

三、煤炭销售数据分析与预测

现代煤炭销售和企业管理创新应用研究，对煤炭行业的发展至关重要。煤炭销售数据分析与预测是当前煤炭企业管理的一个重要方面，通过对销售数据进行分析和预测，企业可以更好地制订销售策略和规划，提高销售效率和盈利能力。煤炭销售管理的现状中存在着一些问题和面临的一些挑战，如市场竞争激烈、价格波动大等，因此对销售数据进行分析和预测成为提高企业竞争力的关键。

对煤炭销售数据分析与预测，企业可以利用现代技术手段，如大数据分析、人工智能等，从销售数据中挖掘出有用的信息，为企业管理决策提供支持。通过对销售数据的分析，可以了解市场需求和消费者行为，从而制定更具针对性的销售策略。同时，通过对销售数据的预测，可以预测未来市场趋势和销售情况，为企业未来的发展做出规划和安排。

煤炭销售管理的现状虽然存在挑战和困难，但也充满机遇和发展空间。通过对销售数据的深入分析和准确预测，煤炭企业可以更好地应对市场变化，提高销售效率和盈利能力，实现可持续发展。因此，煤炭销售数据分析与预测在现代企业管理中具有重要意义，对推动煤炭行业的发展具有积极作用。

通过对销售数据的深入挖掘和分析，企业可以发现潜在的市场机会和销售瓶颈，及时调整销售策略和资源配置，提高市场竞争力。同时，通过预测销售数据，企业可以更加有效地计划生产和库存，减少市场风险和资金压力。在竞争激烈的市场环境下，煤炭企业必须借助数据分析和预测工具，不断优化销售模式和经营管理，保持市场领先地位。

在数字化时代，数据被称为"新的石油"，而煤炭销售数据作为企业的重要资产，其分析与预测将成为企业发展的关键因素。通过建立健全的数据分析团队和技术平台，企业可以更好地利用数据资源，提升管理水平和决策效率。同时，企业还可以通过与外部数据服务商合作，借助第三方数据优势，拓展市场视野，抢占市场先机。

总的来说，煤炭销售数据分析与预测不仅是企业管理的一项必备技能，更是企业走向成功的关键。只有通过不懈努力和持续创新，企业才能在激烈的市场竞争中立于不败之地，实现可持续发展和长期利润增长。因此，不论是大型企业还是中小型企业，都应该高度重视煤炭销售数据分析与预测，并将其融入企业发展的战略规划中。

在当今竞争激烈的市场环境下，煤炭销售数据分析与预测确实扮演着至关重要的角色。通过对销售数据的深入分析，企业能够更好地了解市场需求和消费者行为，从而制定更具针对性和有效性的销售策略。同时，预测未来市场走势也能够帮助企业提前做好准备，及时调整经营策略，以便更好地抢占市场先机。

建立健全的数据分析团队和技术平台，是企业实施煤炭销售数据分析与预测的重要保障。一个高效的数据分析团队可以通过采用专业的数据处理和统计方法,挖掘出隐藏在数据背后的商机和潜在趋势,而先进的技术平台则能够提供数据采集、处理和呈现的支持,使数据分析工作更加便捷和高效。

与外部数据服务商合作,是企业获取销售数据分析与预测优势的一种重要途径。借助第三方数据服务商丰富的数据资源和专业技能,企业可以更全面地了解市场态势和竞争环境,为企业决策提供更有力的支持。同时,通过与外部数据服务商的合作,企业还能够拓展市场视野,发现潜在的合作机会和业务增长点,实现多赢局面。

在这个信息爆炸的时代,数据被誉为"新的黄金"。只有不断学习和不断创新,企业才能够更好地利用数据资源,提升竞争力,实现企业的可持续发展和长期利润增长。因此,进行煤炭销售数据分析与预测不仅是企业管理的一项必备技能,更是企业走向成功的关键。

四、煤炭销售环境保护政策影响

煤炭销售环境保护政策影响是当前企业煤炭销售管理所面临的重要问题之一。一方面,随着人们环境保护意识的提高和政府政策制定的不断加强,煤炭企业在销售过程中必须充分考虑环保因素。环保政策的影响不仅体现在生产环节上,也会直接影响到销售环节。煤炭销售企业需要注重绿色环保理念,加强环保措施,确保销售过程不对环境造成负面影响。另一方面,环保政策的不断加强给煤炭销售管理带来了机遇和挑战。企业在开展销售活动时,需要遵守相关环保法规,合理规划销售策略,选择环保型产品,推动绿色低碳发展。同时,企业还要积极响应国家环保政策,加大环保投入力度,提高环保意识,推动企业可持续发展。

总的来说,环保政策对煤炭销售管理起着至关重要的作用。企业必须树立环保意识,采用环保措施,合理规划销售策略,推动绿色低碳发展。只有这样,企业才能实现可持续发展,为其煤炭销售管理注入新的活力和动力。

　　环保政策制定的不断加强，督促着煤炭销售企业不断提高环保意识，改进环保措施。企业需要积极开展环保培训，提升员工的环保素养，确保每个环节都能符合环保要求。同时，企业还要加强与环保部门的沟通协调，及时掌握最新的环保政策动态，做好相应的应对措施。

　　在销售策略方面，煤炭销售企业应该加大对绿色产品的推广力度，引导客户选择环保型产品。同时，借助互联网和新媒体等现代信息技术手段，拓展销售渠道，提升绿色产品的知名度和市场份额。企业还要考虑与环保组织、研究机构等合作，共同开展环保项目，增加企业的社会责任感和品牌形象。

　　在未来的发展中，煤炭销售企业需要不断创新，提升环保技术水平，研发更加环保、高效的产品。同时，企业还要加强与相关行业的合作，共同推动绿色低碳发展，实现资源的可持续利用和环境的可持续发展。只有在环保政策的引领下，煤炭企业才能在激烈的市场竞争中立于不败之地，实现可持续发展的目标。

第三节　现代企业管理创新应用案例分析

一、数字化营销平台在煤炭销售中的应用

　　数字化营销平台在煤炭销售中的应用可以助力企业实现更高效的销售和管理，为煤炭行业的发展提供了新的动力。企业通过数字化营销平台，可以更好地了解客户需求，提升服务质量，优化销售流程，实现销售信息的快速传递和及时反馈。数字化营销平台的应用，不仅可以提升企业的竞争力，还可以为企业带来更广阔的发展空间。通过数字化营销平台，企业可以实现对销售数据的实时监控和分析，更好地把握市场动态，制定

更科学的销售策略，提高销售业绩，实现可持续发展。数字化营销平台的应用，可以为企业带来更加便捷高效的管理方式，进而促进企业的健康发展。

数字化营销平台的应用在煤炭销售中发挥了巨大的作用，不仅可以提高销售效率，还可以为企业带来更多的发展机遇。通过数字化营销平台，企业可以更加准确地把握客户需求，及时做出调整和改进，从而提升了产品和服务的质量。同时，数字化营销平台的运用也使销售流程更加清晰和高效，使销售信息的快速传递和及时反馈更加顺畅，为企业的销售工作提供了强大的支持。

除此之外，数字化营销平台的应用还大大提升了企业的竞争力。通过实时监控和分析销售数据，企业可以更好地了解市场情况，精准制定销售策略，提高销售绩效，为企业带来了更多的发展机遇。数字化营销平台的强大功能，不仅在销售方面有所体现，还可以为企业的管理工作带来更大的便利和效率。通过数字化平台，企业可以实现信息的快速传递和存储，使管理流程更加便捷高效，为企业的健康发展注入了新的活力。

数字化营销平台在煤炭销售中的应用助力企业实现了更高效的销售和管理，为煤炭行业的发展注入了新的动力和活力。在数字化营销平台的支持下，企业能够更好地适应市场需求，提高竞争力，实现可持续发展。数字化营销平台的应用不仅可以改善企业的销售工作，还可以为企业的管理工作带来更多的便利和高效性，进而为企业的发展打下更加坚实的基础。

二、大数据分析在煤炭销售管理中的作用

大数据分析在煤炭销售管理中的作用至关重要，通过对大量的销售数据进行深入分析，企业可以发现潜在的销售机会和市场趋势，为企业制订合理的销售策略和计划提供有效支持。同时进行大数据分析还可以帮助企

业实时监控销售情况，及时调整销售策略，提高销售效率和业绩。在竞争激烈的煤炭市场中，利用大数据分析进行销售管理创新是企业获取竞争优势的重要途径之一。

大数据分析在煤炭销售管理中的应用不仅可以帮助企业发现销售机会和市场趋势，还可以提升企业的市场竞争力。通过对销售数据的深入解读，企业可以更准确地预测市场需求，合理制订生产和销售计划，降低库存风险。同时大数据分析还可以帮助企业了解客户需求，根据客户的购买偏好和行为习惯制定差异化的营销策略，提高客户忠诚度。

在销售过程中，大数据分析可以帮助企业实时监控销售情况，及时调整策略。通过对销售数据的分析，企业可以快速找出销售中存在的问题，采取切实有效的改进措施，提高销售效率和业绩。同时，大数据分析还可以帮助企业监测竞争对手的动向，及时调整销售战略，在激烈的市场竞争中保持领先地位。

值得注意的是，大数据分析在销售管理中的应用需要企业具备完善的数据管理和分析能力。企业需要建立健全的数据采集、存储和分析系统，确保数据的准确性和完整性。同时，企业还需要培养一支专业的数据分析团队，不断优化数据分析算法和模型，提高数据分析的准确性和有效性。

总的来说，大数据分析在煤炭销售管理中的作用是多方面的，可以帮助企业减少经营风险，提升市场竞争力，实现销售效益最大化。随着大数据技术的不断发展和完善，相信大数据分析在销售管理中的应用将会变得更加广泛和深入，为煤炭企业的发展提供强有力的支持。

三、人工智能技术在煤炭销售系统中的运用

在现代企业管理创新应用案例分析中，人工智能技术在煤炭销售系统中的运用发挥着重要作用。通过对大数据的挖掘和分析，采用人工智能技

术可以帮助企业更好地了解市场需求和趋势，从而制定更加精准的销售计划和策略。同时，采用人工智能还可以使企业通过智能推荐和预测算法，提升销售效率和客户满意度。通过引入人工智能技术，煤炭企业可以实现销售流程的智能化和自动化，提升市场竞争力和盈利能力。

在现代企业管理创新应用案例分析中，人工智能技术在煤炭销售系统中的运用不仅局限于市场需求和趋势的分析，更涉及销售过程的智能化和自动化。通过人工智能技术的支持，煤炭企业可以实现销售流程的高度智能化，如使用自动化预测算法来提前预测市场走势和客户需求，从而及时调整销售策略。通过采用智能推荐算法，可以为客户推荐最适合他们需求的产品，提升客户满意度和忠诚度。

除此之外，人工智能技术还可以帮助企业优化销售团队的组织和管理。通过利用智能化的人才招聘和培训系统，可以更精准地匹配销售人员与客户，提高销售团队的绩效和效率。同时，采用人工智能还可以通过智能化的销售数据分析和监控系统，实时监控销售情况并及时调整销售策略，从而最大限度地提升销售效率和利润。

人工智能技术在煤炭销售系统中的应用远不止于简单的数据分析和预测，而是通过智能化技术的全方位运用，实现销售流程的智能化和自动化，帮助企业更好地适应市场变化，提升其市场竞争力和盈利能力。只有通过不断引入新技术和提升销售体验，煤炭企业才能够在激烈的市场竞争中脱颖而出，实现可持续发展。

四、区块链技术在煤炭供应链管理中的应用

煤炭行业作为国民经济支柱产业之一，一直扮演着不可或缺的角色。然而，由于煤炭供应链管理中存在的种种问题，如信息不对称、数据安全性低、难以溯源等，导致出现供应链协同难度较大、效率不高的情况。为了解决这些问题，一些煤炭企业开始尝试引入区块链技术，以提

升供应链管理的效率和透明度。

作为一种去中心化的分布式账本技术，区块链技术可以实现信息的安全传输和存储，确保煤炭供应链中在各个节点之间数据传递的透明性和可追溯性。通过区块链技术，煤炭企业可以建立起一个去中心化的信任机制，实现数据的共享和协同，进而提高供应链管理的效率。

以某煤炭企业为例，该企业利用区块链技术构建了一个完整的供应链管理系统，实现了从矿山到终端用户的全程监控和追溯。通过区块链技术，煤炭的产地、采购、运输、销售等环节的数据都可以被记录在区块链上，实现了数据的实时更新和共享，有效地解决了信息不对称和信任危机等问题。同时区块链技术还可以确保煤炭质量的可溯源性，保障了产品的质量安全。

总的来说，区块链技术在煤炭供应链管理中的应用给煤炭行业带来了新的管理模式和思路。通过区块链技术，煤炭企业可以实现供应链管理的信息化、智能化，提高了管理效率和产品质量，为煤炭行业的可持续发展提供了新的动力和保障。

区块链技术的应用，不仅改变了煤炭供应链管理的模式，还为煤炭行业带来了更多的机遇和挑战。煤炭企业可以通过区块链技术实现信息共享和数据流畅，从而提高业务流程的透明度和效率。除此之外，采用区块链技术还可以进一步增强供应链管理系统的安全性和稳定性，有效应对企业潜在的风险和威胁。

随着区块链技术的不断发展和普及，煤炭企业还可以借助智能合约等新技术手段，进一步优化供应链管理流程，降低成本，提升盈利空间。同时，通过区块链技术的应用，煤炭企业还能够更好地满足消费者对产品质量和安全的需求，建立更加健康可持续的行业生态系统。

在未来，区块链技术有望在煤炭供应链管理中发挥更为重要的作用，为煤炭行业的数字化转型和智能化发展提供更为坚实的基础。煤炭企业可以借助区块链技术实现全球资源的高效整合和合作，推动行业的智能化升级，为实现绿色低碳发展目标贡献力量。

总的来说，区块链技术给煤炭供应链管理带来了前所未有的机遇和挑战，为煤炭行业的可持续发展开辟了更加广阔的道路。随着技术的不断演进和创新，相信区块链技术的应用将会为煤炭行业带来更多的惊喜和改变，助力行业迈向更加繁荣和可持续的未来。

第四节　煤炭销售与企业管理创新的未来展望

一、面临的机遇与挑战

煤炭销售与企业管理创新在现代社会面临着诸多机遇与挑战，挑战来自市场竞争的日益激烈、环保法规的不断加强、技术创新的不断涌现等方面，但同时带来了巨大的发展机遇，如节能减排的新政策带来的市场需求增长、技术革新带来的生产效率提升以及企业管理的现代化进步等。对煤炭销售企业来说，如何在激烈的市场竞争中立于不败之地，同时又能够保持绿色、可持续发展，是一个亟待解决的问题。企业管理创新不仅能够提升企业的竞争力，还能够带来更多的市场机遇，为整个行业的发展注入新的活力。

面临的机遇与挑战是煤炭销售和企业管理创新领域的永恒话题。市场竞争的激烈不可避免，环保法规的加强也是大势所趋。技术创新给行业发展带来了无限可能，而企业若能善用这些机遇，必将迎来新的发展契机。煤炭销售企业要在如此激烈的竞争中立于不败之地，需要不断提升自身的竞争力。企业管理创新可以为企业带来更多的市场机遇，为整个行业的发展注入新的活力。随着科技的发展，企业应该以挑战为契机，积极应对，善于转变观念，引领潮流。只有不断地创新和进步，煤炭销售与企业管理才能实现新的突破。

二、技术发展趋势与前景展望

随着科技的不断发展和应用，现代煤炭销售领域在不断进行技术创新和改革。在今天的数字化时代，煤炭企业需要与时俱进，利用先进的技术手段来提高销售效率，降低成本，增强竞争力。

一方面，随着物联网、大数据、人工智能等技术的不断成熟和应用，煤炭行业正逐渐实现智能化、数字化管理。通过物联网技术，可以实现对矿区、仓库等设备的实时监控和管理，提高生产效率和资源利用率；大数据技术可以帮助煤炭企业分析客户需求，制定精准的销售策略，提高销售效率；人工智能技术可以应用于市场预测、风险评估等方面，为企业提供更准确的决策支持。另一方面，移动互联网技术的普及给煤炭销售带来了全新的营销渠道。利用移动端App、社交媒体平台等，煤炭企业可以与客户建立更紧密的联系，开展线上销售和客户服务，提高销售效率和客户满意度。同时，通过在线交易平台和电子商务模式，煤炭企业可以实现销售流程的快速化和标准化，降低交易成本，扩大销售范围，拓展新的市场空间。

未来，随着环保和可持续发展理念的不断深入人心，煤炭企业还将面临更多的机遇和挑战。煤炭行业需要加大对清洁生产技术的研发和应用力度，降低二氧化碳等排放物的排放，减少环境污染，提高资源利用效率。同时，随着新能源的快速发展，煤炭行业还需加大对清洁能源技术的研究和开发力度，拓展新的业务领域，实现煤炭的可持续利用。

随着社会的不断发展和进步，煤炭行业正处于变革的时代。新技术的不断涌现，为煤炭企业提供了更多的发展机遇。随着数字化技术的广泛应用，煤炭销售流程将更加智能化和高效化，客户体验也将得到进一步提升。同时，随着信息技术的发展，煤炭企业管理将更加精细化和科学化，决策将更加准确和及时。

在环保和可持续发展理念的引领下，煤炭企业将加大对清洁生产技术和清洁能源技术的研究和应用力度。通过不断创新,煤炭企业将实现更加环保和可持续的发展,为社会发展和环境保护做出更大的贡献。同时,煤炭企业将积极拓展新的业务领域,开发新的市场空间,实现多元化经营,提高企业的竞争力和盈利能力。

未来,煤炭销售领域将面临更多的机遇和挑战。只要紧跟时代潮流,积极应对各种变化,煤炭企业就能够在竞争中立于不败之地,实现可持续的发展目标。

三、未来研究方向与重点

随着社会经济的快速发展和科技的不断进步,煤炭行业也面临着转型升级的压力。未来的研究应该更加注重煤炭销售的智能化和数字化应用,促进煤炭企业管理的科学化和现代化,实现绿色、可持续发展。

一方面,未来研究可以关注如何利用大数据、人工智能等现代技术手段优化煤炭销售渠道和方式。通过深度挖掘数据,分析市场需求和供应情况,提前预测市场趋势,为煤炭企业制定更加科学合理的销售策略提供支持。同时,通过智能化系统,实现煤炭生产、运输、销售等各个环节的信息互联互通,提高生产效率和管理水平,实现煤炭行业的智能化转型。另一方面,未来研究可以关注煤炭企业在管理创新方面的探索与实践。煤炭企业在管理方面需要更加注重员工培训和激励机制的建设,加强内部沟通和协作,打破各部门之间的壁垒,推动企业内部文化的转型和升级。同时,煤炭企业还需要注重绿色生产和环保责任,积极响应国家的环保政策,改善煤炭生产过程对环境的影响,实现绿色低碳发展。

未来研究要考虑煤炭行业与其他行业的融合合作,探索煤炭在新能源、清洁能源等领域的应用前景,推动煤炭行业与新兴产业的融合发展。通过技术创新和管理创新的结合,实现煤炭行业的转型升级,促进煤炭企业长远可持续发展。

未来研究的方向和重点需着眼煤炭行业的可持续发展，通过不断探索和创新，推动煤炭行业向现代化、智能化、绿色化的方向迈进。在面临严峻环保压力的同时，煤炭企业需要加大技术创新和管理创新力度，不断提升生产效率，降低能耗排放，实现绿色低碳发展。煤炭行业应积极拓展与其他行业的融合合作，探索煤炭在新能源、清洁能源等领域的应用前景，推动产业升级和转型发展。

未来研究应关注煤炭企业的智能化发展，借助大数据、人工智能等先进技术，提升生产过程的智能化水平，优化资源配置，实现企业可持续发展。同时，煤炭行业还需要加强节能减排工作，探索新型清洁生产技术，推动煤炭生产过程的绿色化转型，实现循环经济的发展目标。

除此之外，未来研究还可以深入探讨煤炭企业的社会责任和企业治理问题，加强企业与社会的沟通与互动，树立良好的企业形象，推动社会各界对煤炭行业的理解和支持。通过开展全方位、多层次的研究和探索，煤炭行业将更好地应对外部环境变化，实现可持续发展的目标。

第三章　现代煤炭销售对企业管理的影响

第一节　煤炭销售现代化背景介绍

一、现代化销售模式

在现代煤炭行业中，随着时代的发展和技术的进步，传统的销售方式已经不能满足市场需求，因此出现了许多现代化销售模式。其中，电子商务是比较重要和常见的一种模式。随着互联网的普及和发展，电子商务在煤炭行业中得到广泛应用。通过电子商务平台，煤炭企业可以直接与客户进行交易，省去了中间环节，降低了销售成本，提高了销售效率。

一些煤炭企业开始尝试直销模式，即直接面向终端用户销售产品。通过建立自己的销售团队和渠道，煤炭企业可以更好地控制销售过程，提高产品的竞争力。与传统的经销商模式相比，直销模式可以更好地帮助企业管理者掌握市场信息，更快地响应市场需求，提高销售效益。

一些煤炭企业在销售过程中引入了定制化服务。通过了解客户需求，根据客户的需要定制产品和服务，提高客户满意度和忠诚度。定制化服务不仅可以帮助企业挖掘潜在客户需求，还可以提高产品的附加值，增加销售额。

（一）不同销售模式的优缺点比较

不同的销售模式各有优缺点。电子商务模式虽然能够节约成本，提高效率，但也存在着诚信问题和实体店面无法替代的缺点。直销模式虽然可以帮助企业管理者更好地掌握市场信息和控制销售过程，但也需要企业承担更多的销售风险和成本。定制化服务虽然能够提高客户满意度和销售额，但也需要企业投入更多的时间和人力资源来满足客户需求。

（二）现代化销售对企业管理的影响

现代化销售模式的应用不仅影响了企业的销售方式，也给企业管理带来了新的挑战。现代化销售需要企业管理者具备更高的信息化能力和市场洞察力，及时了解市场信息和客户需求，并及时调整销售策略。同时现代化销售模式的应用也需要企业加强内部协作，建立更加紧密的团队合作机制，提高销售团队的执行力和服务水平。

现代化销售需要企业管理者注重品牌建设和客户关系管理。在竞争激烈的市场环境中，企业需要不断提升自己的品牌形象，增强品牌的影响力和竞争力。同时，通过建立良好的客户关系管理系统，企业可以更好地了解客户需求，提供个性化的服务，提高客户满意度和忠诚度。

现代煤炭销售模式的应用不仅带来了销售方式的变革，也给企业管理带来了新的挑战。企业管理者需要不断学习和掌握新的销售技巧与管理方法，及时调整管理思路和策略，提高企业的市场竞争力和盈利能力。只有不断适应市场需求，不断创新和进步，企业才能在激烈的市场竞争中立于不败之地。

现代化销售模式的实施需要企业管理者不断加强内部团队的协作，促进团队间更加紧密的合作机制。只有通过有效的团队合作，企业销售团队的执行力和服务水平才能得到提高。

在现代化销售中，品牌建设和客户关系管理是至关重要的一环。企业需要注重提升品牌形象，增强品牌的市场影响力和竞争力。同时，通过建立健全的客户关系管理系统，企业可以更好地满足客户需求，提供个性化服务，从而提高客户的满意度和忠诚度。

现代化销售模式的应用不仅要简单地改变销售方式，更重要的是给企业管理带来了新的挑战。企业管理者需要不断学习和掌握新的销售技巧与管理方法，积极调整管理策略，提升企业的市场竞争力和盈利能力。只有不断适应市场需求，不断创新进取，企业才能在激烈的市场竞争中立于不败之地。在现代化销售模式的引领下，企业必须保持敏锐的市场洞察力，灵活的经营策略和优质的产品及服务，方能在市场中立于不败之地。

二、数字化销售工具

在现代社会中，煤炭作为一种重要的能源资源，其销售方式也在不断地发生变化。数字化销售工具的应用正逐渐成为煤炭销售中的重要趋势。数字化销售工具包括电子商务平台、数据分析软件、在线支付系统等，这些工具的应用不仅提升了煤炭销售的效率，同时也为企业管理带来了全新的机遇和挑战。

数字化销售工具的应用提升了煤炭销售的效率。传统的销售方式往往需要大量的人力物力投入，而数字化销售工具可以实现自动化销售流程，大大简化了销售环节。例如，通过电子商务平台，煤炭企业可以将产品信息快速准确地展示给潜在客户，实现在线下单和支付，极大地提升了销售效率。

数字化销售工具的应用改变了企业管理的方式。传统的销售方式往往需要大量手工记录和分析，而应用数字化销售工具可以实现销售数据的实时监控和分析。通过数据分析软件，煤炭企业可以了解客户需求和行为，根据客户数据量身定制销售方案，提升销售业绩。同时，应用数字化销售工具还可以帮助企业实现库存管理、订单跟踪、客户关系管理等多方面的管理工作，提高了企业的管理效率和精细化程度。

然而，数字化销售工具的应用也面临着一些挑战和问题。首先是网络安全问题，随着数字化销售工具的普及，企业的网络安全受到了前所未有的威胁。黑客攻击、数据泄露等问题可能导致企业财产损失和声誉受损。其次是技术更新换代的问题，数字化销售工具的技术更新换代非常快，企业需要不断投入资源进行技术更新和培训，以保持竞争力。

总的来说，数字化销售工具的应用为现代煤炭销售和企业管理带来了巨大的改变与机遇。煤炭企业应积极采用数字化销售工具，不断提升销售效率，优化企业管理，实现可持续发展。同时，企业也应重视网络安全和技术更新换代问题，加强对数字化销售工具的管理和风险防范，以更好地应对未来的挑战和机遇。

数字化销售工具的技术更新换代速度之快确实给企业带来了机遇，同时也为企业带来了挑战。在这个飞速发展的时代里，煤炭企业需要时刻关注数字化销售工具的最新趋势和技术，不断投入资源进行更新和培训。只有这样，企业才能在激烈的市场竞争中保持竞争力，实现销售效率的最大化和企业管理的优化。

除了关注技术更新换代，企业还应当充分重视网络安全的重要性。随着数字化销售工具的广泛应用，企业面临着来自网络的各种潜在风险和威胁。因此，加强网络安全意识培训和技术防护措施的建设是至关重要的。只有确保数字化销售工具的安全性，企业才能更好地应对潜在的网络攻击和信息泄露风险。

在应对数字化销售工具的机遇和挑战时，煤炭企业还应当重视人力资源的培养和发展。数字化销售工具的应用离不开专业技术人才的支持，企业应当加大人才引进和培养的力度，培养一支精通数字化销售工具的专业团队。只有拥有强大的人才队伍，企业才能充分发挥数字化销售工具的作用，实现持续发展和长期成功。

综合而言，数字化销售工具的应用给煤炭企业带来了前所未有的机遇和挑战。在积极采用数字化销售工具的同时，企业还需不断加强网络安全建设、技术更新换代和人才培养，以确保企业处于行业的领先地位，实现可持续发展。

三、数据分析与预测

数据分析与预测在现代煤炭销售中扮演着至关重要的角色。随着市场竞争的日益激烈和客户需求的不断变化，企业需要借助数据科学技术来快速而准确地分析市场趋势、竞争对手动态以及客户偏好，从而做出科学决策，提高销售业绩。

数据分析技术的应用可以帮助企业识别并理解潜在的销售机会和挑战。通过对大数据的处理和分析，企业可以从中挖掘出隐藏在海量信息中的商机，发现潜在的客户群体和市场细分。同时，数据分析技术的应用可以帮助企业识别市场趋势和竞争对手的行为，及时调整销售策略，优化产品组合，提升市场占有率。

数据预测技术的应用可以为企业提供了重要的参考依据。通过对历史销售数据和市场信息的分析，可建立起销售预测模型，帮助企业预测未来销售趋势和需求变化，以便及时调整生产计划和库存策略。这样一来，企业可以更好地应对市场波动，降低库存成本，提高资金利用效率。

数据分析技术的应用有助于企业对销售人员的绩效进行评估。通过分析销售人员的工作状况和销售表现，企业可以发现绩效较好的员工和绩效较差的员工，及时对其分别进行奖励和激励，或者通过培训和辅导帮助其提高工作能力，从而提高整体销售绩效。

在现代企业管理中，煤炭销售已经不再是简单地依靠市场推广和人脉关系来完成，而是需要借助科学的数据分析和预测手段来辅助决策，提高销售效率和效益。只有不断创新和应用先进的技术，煤炭企业才能在激烈的市场竞争中立于不败之地，实现可持续发展。

数据分析和预测在现代煤炭销售中的应用已经成为企业管理的重要组成部分。通过科学分析和预测，企业可以更好地洞察市场动态和客户需求，优化销售策略和提升绩效，从而实现销售业绩的稳步增长和持续发展。企业只有积极应用数据科学技术，不断创新，才能实现煤炭企业的管理现代化和营销智能化。

在当今数字化时代，应用数据分析和预测技术已经成为各行业提升竞争力的利器，煤炭销售行业也不例外。通过对大数据的深度挖掘和分析，企业可以更准确地了解市场供需关系，为产品定价和推广活动提供有力支持。同时，应用数据预测技术还可以帮助企业提前预测市场趋势和客户需求变化，使决策更加科学和有效。

在数据分析与预测的基础上，企业可以更好地进行资源配置和销售策略的制定。通过对不同市场和客户群体的数据分析，企业可以实现精准营销，提高销售转化率和客户满意度。同时，在面对竞争对手的挑战时，应用数据分析技术还可以帮助企业及时调整销售策略，提高应对市场变化的能力，保持竞争优势。

应用数据分析和预测技术可以帮助企业降低销售成本，提高销售效率。通过对销售数据和营销活动的分析，企业可以发现销售过程中的瓶颈和问题，并及时采取措施进行优化。通过应用数据预测技术，企业可以更好地预估产品需求量和销售额，做出合理的库存管理和生产计划，避免产能过剩或库存积压的情况发生。

总的来说，数据分析与预测在现代煤炭销售中的应用不仅可以提高企业的销售绩效，还可以帮助企业实现可持续发展和保持市场领先地位。随着科技的不断发展和数据资源的不断丰富，相信应用数据分析与预测技术将在煤炭销售领域展现出更大的潜力和价值。

四、市场竞争与挑战

市场竞争是现代煤炭销售领域中的一个重要问题。随着国内外市场的不断扩大和竞争的加剧，煤炭企业面临着更大的竞争压力。在这种情况下，企业需要不断创新，提高自身竞争力，才能在激烈的市场竞争中立于不败之地。

市场竞争给企业管理带来了一定的影响。企业需要不断优化内部管理机制，提高工作效率和生产效益。在市场竞争激烈的环境下，高效的管理是企业生存和发展的基础。企业需要不断加强市场营销和品牌建设，树立良好的企业形象和市场口碑。只有通过科学的营销策略和品牌建设，企业才可以在激烈的市场竞争中脱颖而出，赢得更多客户和市场份额。

当前，煤炭企业面临着诸多挑战。煤炭市场需求不断波动，市场价格起伏不定，给企业经营带来了较大的风险。环保要求日益严格，传统煤炭企业需要转型升级，需要通过投入更多的人力、物力和财力来实现清洁生产和环保减排。国内外市场竞争激烈，各类煤炭产品层出不穷，企业需要提高产品质量和服务水平，以提升竞争力和市场占有率。

面对种种挑战，煤炭企业可以采取一系列应对策略。一是企业可以加强与政府和相关部门的合作，遵守政策法规，积极参与环保治理和产业整合，提升企业形象和社会责任感。二是企业可以加强科技创新，提高生产技术和设备水平，降低生产成本，提高产品质量，实现可持续发展。三是企业可以加强人才培养和团队建设，打造高效的管理团队，提高管理水平和决策效率。

总的来说，煤炭销售现代化对企业管理提出了更高的要求，市场竞争和挑战是必然的。只有不断创新，提高核心竞争力，才能在激烈的市场竞争中立于不败之地，实现可持续发展。

在市场竞争与挑战不断升级的背景下，煤炭企业管理者应当认真分析市场需求和行业发展趋势，积极拓展创新型业务，提升服务水平和产品质量。同时，企业应不断优化营销策略，加大对成本控制和效益提升的力度，培育品牌影响力和市场竞争力。在推动企业转型升级的过程中，企业要重视团队建设和人才引进，搭建专业化团队，提高管理水平和决策效率，实现规模化运营和可持续发展。

在市场规模扩大的背景下，煤炭企业要积极拓展市场份额，开拓潜在客户群体，强化与供应商和合作伙伴的合作关系，构建完善的产业链和价值链，提高市场占有率和盈利能力。同时，企业应关注环境保护和可持续发展，加强绿色生产和循环利用，提高企业社会责任感和可持续经营能力，赢得社会和消费者的信任和支持。

市场竞争与挑战是企业成长和发展过程中必不可少的环节。煤炭企业应积极应对市场变化，不断反思和调整自身经营理念和策略，加强内部管理和与外部互动，不断提升核心竞争力和市场竞争力，实现长期稳定经营和可持续发展。

第二节　企业管理创新应用研究

一、创新管理模式

在现代煤炭销售中，企业管理创新是至关重要的。传统的管理方法已经不能满足当今市场的需求，因此企业需要不断探索和实践新的管理模式。创新管理模式的出现，为企业在激烈的竞争中立于不败之地提供了有力支持。

一种常见的创新管理模式是信息化管理。随着信息技术的飞速发展，企业可以通过建立信息化管理系统实现销售、采购、库存、财务等各个环节的数据集成和实时监控。通过信息化管理，企业可以更加高效地分析市场需求和预测销售情况，有针对性地制定销售策略，提高销售效率和规模。

另一种创新管理模式是精细化管理。在煤炭销售过程中，企业需要精确控制成本、提高生产效率和管理质量。精细化管理强调对每个环节的监控和优化，通过制订精准的数据分析和生产计划，实现资源的最优配置和利用。这种管理模式使企业能够更好地应对市场波动和风险，增强竞争力。

创新管理模式包括团队合作管理、客户导向管理、绿色环保管理等。团队合作管理要注重员工之间的协作与沟通，进而激发团队的创造力和凝聚力。客户导向管理强调以客户为中心，不断满足客户需求，提高客户满意度，培养忠诚客户。绿色环保管理着眼于企业的社会责任，在生产经营过程中注重环境保护和资源节约。

创新管理模式的应用对企业发展具有重要意义。新的管理模式能够提升企业的管理水平和效率，降低运营成本，实现长期可持续发展。创新管理模式能够促进企业文化的转变，激发员工的积极性和创造力，形成良好的企业氛围。同时创新管理模式也有助于企业树立良好的品牌形象，赢得市场和消费者的信任与支持。

作为煤炭销售企业，在管理创新方面应当着力推行和实践各种创新管理模式。例如，可以建立信息化的销售管理系统，加强市场数据的收集和分析，拓展销售渠道和客户群体；可以倡导团队合作和协作，建立激励机制和制订培训计划，提高员工的综合素质和团队凝聚力。这样的努力将推动企业管理水平的不断提升，为企业在激烈的市场竞争中立于不败之地提供坚实基础。

现代煤炭销售企业需要不断创新管理模式，提升管理水平和效率，适应市场需求和发展趋势。只有不断求新求变，不断实践创新管理模式，企业才能在激烈的市场竞争中脱颖而出，实现可持续经营和长远发展。管理创新是企业发展的动力源泉，也是企业成功的关键之一。

在实践创新管理模式的过程中，企业需要不断追求优化和改进。可以通过建立强大的创新团队，激发员工的创新潜力和思维活力，促进企业管理理念和方法的更新与革新。同时，引入先进的技术和设备，提升生产效率和产品质量，满足消费者日益增长的需求和对品质的追求。注重企业文化和价值观的建设，树立良好的企业形象和信誉，赢得消费者的信任和支持，实现企业的可持续发展。

在经济全球化和市场竞争日趋激烈的今天，管理创新已成为企业生存和发展的关键。只有不断拓展创新思维和实践，不断适应市场变化和顺势而为，企业才能在变革中获得生机和活力，实现可持续发展。因此，管理者必须具备创新意识和勇气，敢于挑战传统，勇于改变，不断追求卓越，引领企业走向成功。只有持续创新，才能引领企业走向繁荣和辉煌。

二、资源优化配置

现代煤炭销售对企业管理的影响是一个重要的课题，资源优化配置在这一过程中显得尤为重要。企业在销售过程中需要合理配置资源，以达到提高销售效率、降低成本的目的。资源的优化配置包括物质资源、人力资源和财务资源等各方面，只有通过科学、合理的配置，企业才能在竞争激烈的市场环境中立于不败之地。资源的优化配置是企业管理创新的重要一环，只有及时适应市场需求，灵活调整资源配置，企业才能在激烈的市场竞争中立于不败之地。资源的优化配置需要企业管理者不断探索实践，总结经验，不断改进和完善现有的资源配置模式，以适应市场的不断变化和发展。资源的优化配置是企业管理的重要内容，只有合理配置资源，企业才能在激烈的市场竞争中脱颖而出，取得更好的经济效益和社会效益。

在销售过程中，资源优化配置对企业的重要性不言而喻。只有通过精心设计和有效管理，企业才能实现资源的最大化利用，提高整体运营效率。物质资源的充分利用是企业持续经营的基础，必须确保原材料的充足供应和合理运用，以支持产品的生产和销售。在人力资源方面，企业需要合理安排员工的工作任务和岗位设置，确保每个员工的潜力得到最大化发挥，从而推动企业整体发展。同时财务资源的科学配置也至关重要，企业需要合理安排资金的使用，确保实现经济资本的最大价值，从而提高企业的盈利水平。

在竞争激烈的市场环境中，资源优化配置不仅是企业管理创新的重要环节，更是企业长期发展的关键因素。只有不断探索实践，总结经验，企业才能不断改进和完善现有的资源配置模式。企业管理者需要时刻关注市场需求变化，灵活调整资源配置，以适应市场的快速变化和持续发展。资源的优化配置不仅可以帮助企业在激烈的市场竞争中立于不败之地，也能够取得更好的经济效益和社会效益。只有通过合理配置资源，并将其充分发挥作用，企业才能实现其发展战略，实现可持续增长。资源的优化配置是企业管理的核心内容，也是企业在市场中获取竞争优势的重要因素。

三、运营效率提升

企业管理创新应用研究是现代煤炭销售领域的核心内容之一。随着市场竞争的加剧和技术的进步，企业需要不断创新管理方式，提升运营效率。这不仅可以增加企业利润，还能提高企业在市场中的竞争力。企业管理创新应用研究的发展对现代煤炭销售企业来说至关重要，只有不断学习和运用新的管理理念和技术，企业才能在激烈的市场竞争中立于不败之地。

企业管理创新应用研究涵盖了诸多方面，其中包括人力资源管理、生产运营管理、市场营销管理等多个方面。在现代煤炭销售领域，运营效率的提升是至关重要的，它直接关系到企业的竞争力和市场地位。为了提升运营效率，企业需要不断探索和应用新的管理理念和技术，以适应市场的变化和需求。在人力资源管理方面，企业可以通过优化招聘流程、提升员工培训水平以及建立有效的激励机制来提高员工工作效率和满意度。在生产运营管理方面，企业可以借助信息化技术来实现生产过程的智能化和自动化，提高生产效率和降低成本。在市场营销管理方面，企业可以通过精准营销和数据分析来准确把握市场需求和趋势，从而有效地调整销售策略，提高销售效率和市场份额。总的来说，企业管理创新应用研究是企业持续发展的关键，只有不断学习和运用最新的管理方法和工具，企业才能在激烈的市场竞争中立于不败之地。

四、盈利模式创新

在现代煤炭销售和企业管理领域中，盈利模式创新扮演着至关重要的角色。通过创新盈利模式，企业可以更好地适应市场需求，提升销售额和盈利水平。盈利模式创新不仅涉及产品定价和销售策略的调整，还包括市场营销、供应链管理、客户关系管理等方面的创新。这种创新能够为企业在竞争激烈的市场中赢得竞争优势，为企业的发展打下良好的基础。盈利模式创新需要企业领导者和管理者有着敏锐的市场洞察力与创新意识，通过不断调整和优化盈利模式，实现企业经营管理的创新和持续发展。

在当今竞争激烈的市场环境下，企业需要不断创新盈利模式，以保持竞争优势并实现持续增长。盈利模式的创新不仅是简单的产品定价和销售策略调整，还需要深入挖掘市场需求，建立良好的供应链管理体系，并加强客户关系管理。通过这些方面的创新，企业可以更好地把握市场动向，更灵活地满足客户需求，从而提高销售额和盈利水平。

在盈利模式创新的过程中，企业领导者和管理者起着至关重要的作用。他们需要具备敏锐的市场洞察力和创新意识，不断审视和调整企业盈利模式，在不断的探索中找到最适合企业的策略。同时，企业需要不断地追求创新，勇于尝试新的营销方法和经营模式，从而使其在市场竞争中脱颖而出。

盈利模式创新是企业持续发展的关键，只有通过不断地优化和调整盈利模式，企业才能在激烈的市场竞争中生存并蓬勃发展。因此，企业管理者应该始终保持开放的心态，不断吸纳新思想和创新理念，与时俱进，不断提升自身竞争力。只有如此，企业才能在未来不断变幻的市场中立于不败之地，实现可持续发展。

五、人力资源管理创新

现代企业管理中，人力资源管理创新的重要性日益凸显，对煤炭行业的企业来说更是如此。作为企业最重要的资产之一，人力资源管理的创新应用对企业的长期发展具有决定性的意义。随着经济全球化的加速和市场竞争的日益激烈，煤炭企业需要加大在人力资源管理方面的投入和改进力度，以适应市场变化和提升企业核心竞争力。在现代煤炭销售业务中，人力资源管理创新的应用将会为企业带来更多的发展机遇和竞争优势。通过不断完善人力资源管理制度和机制，提高员工的素质和能力，提高员工的工作积极性和创造性，煤炭企业才能在激烈的市场竞争中立于不败之地。

在当今竞争激烈的市场环境中，加强煤炭企业创新人力资源管理势在必行。只有通过不断优化管理机制，提升员工整体素质和综合能力，才能更好地适应市场变化，增强企业的核心竞争力。特别是在煤炭销售业务中，人力资源管理的创新应用将为企业带来更多的发展机遇。通过建立健全的激励机制，提高员工的工作积极性和创造性，促进团队合作和创新意识的培养，企业才能在激烈的竞争中立于不败之地。

在实施人力资源管理创新的过程中，煤炭企业需重视员工的职业发展规划和培训体系建设，提供良好的学习和成长环境。同时，营造和谐的人际关系和企业文化，增加员工的凝聚力和归属感，激发员工的团队合作精神和创新潜力。同时煤炭企业还应关注员工的福利待遇和工作环境，关心员工的身心健康，确保员工能够全身心投入工作中，为企业的发展贡献力量。

人力资源管理创新并非一蹴而就，需要企业领导层的坚定决心和全员的共同努力。只有通过不断总结经验，吸取教训，不断调整和优化管理策略，煤炭企业才能实现人力资源管理的高效运作，提升员工的工作满意度和忠诚度，打造一支富有活力和创造力的团队，为企业的可持续发展奠定坚实基础。只有在人力资源管理创新的道路上不断前行，煤炭企业才能在未来的市场竞争中脱颖而出，取得更好的发展。

第三节　煤炭销售现代化对企业
管理的积极影响

一、提高销售效率

现代煤炭销售的发展给企业管理带来了积极的影响，提高了销售效率。随着信息技术的不断发展和应用，现代煤炭销售管理系统的建设不断完善，实现了销售数据的精准监控和分析，有力地推动了销售工作的高效进行。销售人员可以通过及时了解市场需求和竞争情况，制定更加符合市场需求的销售策略，提高销售业绩和市场占有率。同时，现代煤炭销售模式的创新也给企业管理带来了更多的可能性，推动企业实现信息化、智能化管理，加快了企业管理的现代化进程。通过现代煤炭销售的管理创新应用，企业能够更好地把握市场机遇，提升销售效率，实现经济效益和社会效益的双赢。

现代煤炭销售的发展不仅提高了企业的销售效率，还给企业管理带来了更多积极的影响。随着信息技术的广泛应用，现代煤炭销售管理系统变得更加智能化和高效化。销售数据的精准监控和分析让企业能够更好地响应市场需求，制定更符合市场趋势的销售策略。这不仅提升了企业的销售业绩和市场占有率，同时也增强了企业的竞争力和可持续发展能力。

除了提高销售效率，现代煤炭销售模式的创新还给企业管理带来了更多的可能性。通过信息化和智能化的管理方式，企业能够更加灵活地应对市场变化，快速做出决策，提高管理效率。同时管理的现代化进程也在不断加快，使企业能够更好地适应市场需求，实现资源的合理配置和提升企业整体效益。

通过现代煤炭销售的管理创新应用，企业不仅能够更好地把握市场机遇，提升销售效率，还能够实现经济效益和社会效益的双赢。同时，企业在这个过程中也能够实现可持续发展，为员工提供更好的发展平台，推动整个行业的发展和升级。因此，现代煤炭销售的发展对企业管理的影响是全方位的，给企业带来了更广阔的发展空间和更多的发展机遇。

通过现代煤炭销售模式的创新，企业可以更好地适应市场需求，提高资源的利用效率。同时，通过信息化和智能化管理方式的应用，企业可以实现更高效的生产和销售，进一步提升整体竞争力。这种创新的发展方式，不仅能够促进企业管理水平的提升，还能够为企业带来更加稳定和可持续的发展前景。

在现代煤炭销售的发展过程中，企业管理者需要不断学习和掌握新的管理技能，不断提升自己的领导能力和团队合作意识。只有不断创新和改进，企业才能在竞争激烈的市场中立于不败之地。同时这种管理创新的过程也将进一步推动整个煤炭行业的发展和升级，为行业的可持续发展注入新的活力和动力。

通过现代煤炭销售模式的创新应用，企业在不断提高自身竞争力的同时，也在为整个社会经济的稳定和发展做出贡献。这种持续发展的重要性不仅体现在企业层面，更体现在整个国家经济的健康发展中。因此，现代煤炭销售模式的发展对企业管理、社会经济和行业发展都具有深远而积极的影响。

二、降低销售成本

煤炭销售现代化对企业管理的积极影响可以从降低销售成本的角度来看，这对企业的经营管理和效益都具有重要意义。现代化的销售方式可以极大地提高销售效率，降低营销过程中的各种成本，使企业在市场竞争中更具优势。通过采用互联网等现代技术手段，企业可以实现销售线上化，简化销售流程，提高销售效率。同时，销售现代化还可以帮助企业更好地了解客户需求，提供个性化定制服务，提升客户满意度，有助于企业建立良好的品牌形象，吸引更多客户，进一步促进销售增长。总的来说，现代化的煤炭销售方式可以降低企业的销售成本，提高效率，增加利润，对企业管理起到积极的推动作用。

通过降低销售成本，企业可以有效提升综合竞争力和市场份额。现代化的销售方式不仅可以加快销售速度，提高销售额，还可以节约人力资源和物流成本。同时，现代化销售方式还可以更好地服务客户需求，提供更具竞争力的价格，进一步巩固客户基础。随着销售方式的不断优化和拓展，企业可以通过数据分析和市场预测更准确地把握市场动态，实现更精准的营销策略。同时现代化销售方式也为企业提供了更广阔的市场空间和发展机遇，促使企业不断开拓新的销售渠道和合作伙伴，实现销售业绩的持续增长。降低销售成本不仅可以提高企业在市场中的竞争力，而且对企业的发展和经营管理都具有积极的推动作用。

三、提升企业竞争力

现代煤炭销售方式的发展，给企业管理带来了许多积极的影响。通过采用现代化的销售方式，企业能够更有效地开拓市场，提高销售效率，降低成本，增加盈利。这些措施不仅可以直接改善企业经营状况，还能提升企业在市场竞争中的地位，使其更具竞争力。因此，现代煤炭销售对企业管理的影响是深远而积极的。

现代煤炭销售方式的发展，促进了企业在市场上的更大发展。通过采用现代销售方式，各种创新思维和市场营销策略大大提高了企业的竞争力。企业能够更好地把握市场趋势，在激烈的市场竞争中立于不败之地。现代销售方式的应用让企业更加灵活应对市场变化，提升了企业的市场适应能力。同时，销售效率的提升也使企业更有能力满足客户需求，树立了良好的企业形象。

通过现代煤炭销售方式的运用，企业可以更好地把握市场需求，准确判断市场动态。打破传统的销售固有模式，企业能够更加灵活地制订销售计划，提高销售绩效。现代化的销售方式不仅促进了企业内部管理的改善，有利于提升员工绩效和工作效率，更加高效的内部管理体系也为企业的长期发展奠定了坚实基础。

除此之外，现代煤炭销售的发展也为企业带来了更广阔的市场合作机会。通过建立更加紧密的合作关系，企业可以更好地借助资源共享，实现合作共赢。与此同时，现代化的销售方式也为企业开拓海外市场提供了更多便利，拓展了企业的国际市场空间。企业通过不断创新，提升产品质量和品牌价值，在市场中不断获得新的竞争优势。

总的来说，现代煤炭销售的发展给企业管理带来了诸多积极的影响，提升了企业的竞争力。企业应当不断适应市场变化，积极采用现代销售方式，不断提升自身核心竞争力，以取得更大的市场份额和更好的发展。

四、创造更多商机

煤炭销售现代化对企业管理的积极影响是创造更多商机，使企业能够更好地把握市场机遇，提升竞争实力。现代化的销售方式和管理模式在企业中推广应用，可以给企业带来更多业务机会和发展空间，帮助企业找到新的增长点和发展方向。通过科学合理的销售策略和管理方法，企业可以更好地满足客户需求，优化产品种类和销售渠道，提高企业的市场占有率和盈利能力。同时，煤炭销售现代化也可以加速企业的转型升级，推动企业向更高质量、更高附加值的产品和服务转变，实现可持续发展。在市场竞争日益激烈的情况下，企业必须不断创新，适应市场变化，才能在激烈的竞争中立于不败之地。因此，通过煤炭销售现代化的积极影响，企业可以更好地把握市场机遇，实现可持续发展。

通过煤炭销售现代化的推动，企业可以更加灵活地应对市场变化和需求，提升企业竞争力。新的销售方式和管理模式为企业开辟了更广阔的市场空间，使其在激烈的市场竞争中脱颖而出。通过科学的销售策略和管理方法，企业可以更好地了解客户需求，改进产品质量和提高服务水平，实现市场份额的稳步增长。同时，煤炭销售的现代化也促使企业加快技术创新和产业升级的步伐，推动企业向价值链的高端延伸，实现更高效益和可持续发展。在全球化竞争环境的挑战下，企业需要不断寻求变革和创新，以适应市场的变化，实现自身的长期发展目标。通过煤炭销售现代化的引领和推动，企业能够更好地把握市场机遇，保持竞争优势，实现良性循环的发展。

在当今竞争日趋激烈的市场环境下，企业必须不断寻求创新，发现更多商机。通过现代化的煤炭销售方式，企业可以建立更加紧密的合作关系，扩大市场份额，提高产品的知名度和美誉度。在全球化的浪潮中，企业需要不断优化销售渠道，利用互联网和信息技术，拓展海内外市场，实现市场的多元化和国际化。同时，通过销售现代化，企业可以加强与供应商的合作和交流，优化供应链管理，降低采购成本，提高生产效率，实现资源优化配置。同时现代化的销售方式还可以带动相关产业链的发展，激发创新创意，促进产业结构的优化升级，推动区域经济的快速发展。综合而言，创造更多商机，不仅能够提升企业的盈利能力和市场竞争力，也能推动整个行业的发展，带动经济的繁荣和社会的进步。因此，企业需要着力推动煤炭销售的现代化，不断创新和发展，实现可持续发展和长远目标的实现。

第四节　现代化煤炭销售在企业管理中面临的挑战与改进措施

一、数据安全隐患

现代化煤炭销售在企业管理中面临的挑战与改进措施，需要面对数据安全隐患。数据安全隐患是指在进行煤炭销售和企业管理过程中，因信息系统设计不当、管理不善或者操作不规范等原因导致企业数据泄露、遭受黑客攻击或者信息被篡改、乱用等安全问题。这些问题可能会严重影响企业的经营和管理，甚至对企业的生存和发展构成严重威胁。因此，任何企业在进行现代化煤炭销售和企业管理时，都需要高度重视数据安全隐患，加强信息系统的安全防护措施，提高员工的信息安全意识，做好数据备份和应急预案，确保企业数据的安全和可靠。

现代化煤炭销售在企业管理中面临的挑战与改进措施，需要面对数据安全隐患。在当前信息化的时代，企业面临着越来越复杂和严峻的数据安全威胁。数据安全隐患不仅存在于企业内部系统，还可能受到外部黑客的攻击。因此，加强网络安全防护显得尤为重要。

企业应当建立健全的信息安全管理体系，明确责任分工，确保每个员工都能够树立信息安全意识，做到在日常工作中不轻易泄露重要信息。加强数据加密技术的应用，保护数据在传输和存储过程中的安全。同时，及时更新和升级防火墙、杀毒软件等安全防护系统，防止病毒、木马等恶意程序的侵入。

企业应加强对员工的信息安全教育和培训，提高员工的信息安全意识，让他们明白信息泄露的后果和企业数据安全的重要性。同时，企业还建立完善的数据备份和恢复机制，确保数据在受到破坏或丢失时能够及时恢复。企业还建立应急预案，定期进行数据安全演练和检查，提高企业的抗风险能力。

总的来说，现代化煤炭销售和企业管理过程中的数据安全隐患是一个需要高度重视与持续关注的问题。只有不断加强安全意识和强化安全措施，企业才能有效应对各种潜在的安全威胁，确保企业数据的安全与可靠，实现企业的可持续发展。

二、技术应用门槛

技术应用门槛是指在现代化煤炭销售中，企业在应用新技术和方法时所面临的难度和限制。对企业管理来说，技术应用门槛可能会导致工作效率低下、成本增加、竞争力下降等问题。因此，企业需要不断创新，提高技术水平，降低技术应用门槛，以适应市场变化，保持竞争优势。在面对技术应用门槛时，企业可以通过引入外部专业人才、加大技术研发投入力度、与高校科研机构合作等方式来提升技术水平，突破技术应用门槛，实现企业管理的创新与发展。

技术应用门槛是企业面临的一大挑战，也是一个重要的机遇。在现代化煤炭销售中，企业需要不断地更新技术，以适应市场的变化和需求。通过引入外部专业人才，企业可以快速提升自身的技术水平，应对技术应用门槛带来的挑战。同时，加大技术研发投入力度也是企业突破技术应用门槛的重要途径，只有不断投入资源并进行技术创新，企业才能在竞争激烈的市场中保持竞争优势。

与高校科研机构合作是企业提升技术水平的有效途径之一。高校科研机构拥有丰富的技术资源和人才优势，与企业合作可以共同开展技术研究与开发，共同攻克技术难题，提升企业的技术创新能力。通过与高校科研机构的合作，企业不仅可以获取最新的技术信息和成果，还可以加速技术的应用和推广，使企业在市场中站稳脚跟，实现持续的创新与发展。

技术应用门槛虽然是企业管理中的一个难题，但通过引入外部专业人才、加大技术研发投入力度，以及与高校科研机构合作等多种途径，企业可以提升自身的技术水平，突破技术应用门槛，实现管理创新与发展。企业需要不断努力，不断探索，才能在激烈的市场竞争中立于不败之地。

三、人才培养问题

人才培养问题：在现代化煤炭销售中，企业管理面临着人才培养的挑战。随着行业的发展和变革，企业需要具备专业知识和技能的高素质人才来应对日益复杂多变的市场需求。然而，当前人才培养体系存在着不足和不完善之处，需要进行改进。企业应该加强对员工的培训和教育，提升他们的综合素质和专业能力，以适应行业发展的需要。企业要注重人才梯队的建设，培养出一支高效专业的管理团队，为企业的发展注入新的活力和动力。只有通过不断的学习，企业的人才才能在竞争激烈的市场中脱颖而出，实现企业管理的创新与发展。

在现代化煤炭销售中，企业管理面临着人才培养的挑战。随着行业的发展和变革，企业需要具备专业知识和技能的高素质人才来应对日益复杂多变的市场需求。然而，当前人才培养体系存在着不足和不完善之处，需要进行改进和提升。企业应该加强对员工的培训和教育，提升他们的综合素质和专业能力，以适应行业发展的需要。要注重人才梯队的建设，培养出一支高效专业的管理团队，为企业的发展注入新的活力和动力。只有通过不断的学习和提升，人才才能在竞争激烈的市场中脱颖而出，实现企业管理的创新与提升。

在人才培养的过程中，企业需要注重激励机制的建立，激发员工的创新潜力和工作热情。通过设置科学合理的激励政策，可以有效地调动员工的积极性，增强团队的凝聚力和战斗力。同时，建立健全的评价体系也是人才培养的关键之一。通过对员工绩效的考核和评价，可以及时发现问题并加以解决，促进员工个人的成长和企业整体绩效的提升。

企业应该注重与高校和科研机构的合作，共同推动人才培养体系的不断创新和完善。通过与外部专业机构的合作，可以为企业输送更多优秀人才，不断壮大企业的人才储备。同时，加强与行业内外的交流与合作，也可以让员工不断学习外部知识和经验，不断提升自身的综合素质和专业能力。

总的来说，人才培养是企业持续发展的基础和关键之一。只有加强人才培养，建设高效专业的管理团队，企业才能在激烈的市场竞争中立于不败之地，实现持续创新与提升。

四、市场监管不足

市场监管不足是现代化煤炭销售在企业管理中所面临的一个挑战。在当今市场经济环境下，各种不规范的行为时有发生，监管不足导致出现市场秩序的混乱和不公平竞争的现象。对煤炭销售企业而言，面对竞争激烈的市场环境，如何在法律法规的监管下进行合规经营成为一项重要课题。因此，加强市场监管，建立健全的监管机制，对规范市场秩序、保障企业合法权益具有重要意义。由于中国大部分煤炭企业规模较小，自身监管力量薄弱，很容易陷入监管盲区，一旦发生违规经营行为，后果就会不堪设想。因此，如何完善监管机制，加大监管力度，已成为当前煤炭企业管理中亟待解决的问题。

市场监管不足给现代化煤炭销售企业带来了巨大挑战。随着市场经济的不断发展，竞争已经变得激烈起来。在这种情况下，许多企业为了获得更大的利润，往往会采取不正当手段，违反规定。由于监管机制不完善，这些违规企业往往可以逍遥法外，严重损害了市场的公平性和企业的合法权益。

尤其是对规模较小的煤炭企业来说，他们往往缺乏足够的监管力量，容易陷入监管盲区。这种情况下，一旦出现违规经营行为，后果将不可估量。因此，建立一个健全的监管机制，加大市场监管力度，已经成为当务之急。

提高市场监管水平需要多方面的努力。政府部门需要加大对市场监管的投入力度，提高监管效率。企业自身要加强自律，遵守法规，拒绝违法违规行为。社会各界应当加强监督，对违法行为进行严厉抨击，形成全社会共同监管的合力。

只有建立起一个严密的市场监管体系，才能有效地维护市场秩序，促进企业健康发展。无论是政府、企业还是社会，应该共同努力，共同维护市场的公平和规范，为现代化煤炭销售行业的繁荣做出积极的贡献。

五、管理者风险意识提升

现代煤炭销售的不断发展给企业管理带来了新的挑战，需要管理者不断提升风险意识。在面对市场竞争激烈、政策环境不稳定等诸多难题时，管理者需要能够及时做出正确的决策，规避风险，保障企业的持续发展。只有加强对风险的认识和分析，才能更好地把握市场机遇，及时调整销售策略，确保企业的利润和市场份额。同时，管理者还需要加强团队的协作能力，优化资源配置，提高管理效率，以适应市场的快速变化和激烈竞争。只有通过不断提升风险意识，才能有效地应对现代煤炭销售所带来的挑战，实现企业管理的创新和升级。

现代煤炭销售领域的竞争日益激烈，管理者需要密切关注市场动态和政策变化，不断提升自身的风险意识。在面对市场需求波动、价格变化等挑战时，管理者应该保持警惕，及时调整销售策略，降低企业面临的潜在风险。同时加强团队合作和资源整合也是提升企业绩效的关键因素。通过团队的协作努力，可以更好地应对市场变化，提高企业的管理效率和市场竞争力。在市场快速发展的环境下，管理者需要具备敏锐的洞察力和决策能力，以确保企业能够稳步前行，保持持续的盈利和市场份额。只有不断加强风险意识，企业才能有效地规避各种风险挑战，实现企业管理的持续创新和升级。在未来的发展中，管理者还应注重不断提升自身的专业知识和管理技能，以适应煤炭销售行业的快速变化，赢得更大的市场份额和更好的经济效益。

第四章 煤炭销售与企业管理创新的关键因素分析

第一节 现代煤炭销售的发展背景

一、煤炭市场需求与供给分析

现代煤炭销售的发展背景与煤炭市场需求与供给分析是煤炭行业的重要研究领域之一。随着社会经济的不断发展和能源结构的优化调整，作为传统能源资源之一，煤炭在我国仍然占据着重要地位。煤炭销售与企业管理创新的应用研究，不仅关乎煤炭企业的发展与生存，更关系到国家能源安全和经济社会的可持续发展。在这一背景下，对煤炭市场需求与供给进行深入分析显得尤为重要。

煤炭市场需求与供给分析是指对市场上煤炭产品的需求和供给情况进行全面研究，以便更好地把握市场动态和煤炭行业的发展趋势。在当前形势下，我国正处于经济发展新常态之中，煤炭市场需求对煤炭销售和企业管理创新起着至关重要的作用。一方面，随着我国经济不断发展，煤炭作为主要能源资源之一，其需求量一直保持较高水平；另一方面，随着能源结构的不断调整和环保政策的逐步实施，煤炭产业面临着供给压力和结构调整的挑战。

在研究现代煤炭销售和企业管理创新的过程中，要特别关注煤炭市场需求与供给之间的动态平衡和相互关系。只有在深入了解市场需求和供给情况的基础上，才能有效地制定销售策略和管理创新措施，提高煤炭企业的竞争力和盈利能力。因此，要加强对煤炭市场需求和供给的监测和分析，及时调整产业结构，推动煤炭销售和企业管理创新的应用，实现煤炭行业的可持续发展和转型升级。

煤炭市场需求和供给的动态平衡是煤炭行业发展中的重要环节，关乎煤炭企业的生存和发展。了解市场的需求和供给情况，可以帮助企业更好地调整生产和销售策略，迎合市场需求，提高产品的市场竞争力。同时，煤炭产业要适应新的经济发展形势和环保政策要求，不断进行技术创新和结构调整，提升企业的可持续发展能力。

随着我国能源结构逐渐转型，清洁能源的发展日益受到重视，对煤炭企业来说，如何在变革中寻找新的增长点成为至关重要的课题。绿色技术和低碳转型是煤炭企业的必由之路，积极投入研发和生产清洁能源产品，推动绿色发展，逐步实现煤炭行业的可持续发展。同时，要加强市场监测和分析，抓住市场的需求变化，灵活调整生产和供应链，提高企业的适应能力和市场反应速度。

在企业管理创新方面，要注重团队建设和人才培养，激发员工的创新潜力，推动企业管理模式的不断进步。建立科学的绩效评估机制和激励机制，充分发挥员工的积极性和创造力，为企业的发展提供源源不断的动力。企业要加强与政府、行业协会等相关部门的合作，共同推动煤炭行业的可持续发展和转型升级，实现经济效益和社会效益的双赢。

二、政策法规对煤炭销售的影响

随着经济的不断发展，作为主要能源资源之一，煤炭一直扮演着重要的角色。政府对煤炭产业的政策支持和管理规范逐渐完善，为煤炭销售提供了更加有利的环境。同时，随着市场竞争的加剧和信息化技术的发展，传统的煤炭销售模式面临着诸多机遇和挑战。

政策法规对煤炭销售的影响，政府对煤炭产业的政策法规一直是煤炭企业经营管理的重要依据。各项规定和政策的出台，直接影响着企业的销售方向和策略选择。因此，煤炭企业需要不断调整策略，根据政策法规的变化来调整销售模式，提高市场竞争力。同时，政策法规的健全和完善也为企业的合规经营提供了保障，使企业能够在市场中更加稳健地发展。

政策法规对煤炭销售的影响不仅停留在政策支持和管理规范上，更体现在对企业的激励和引导上。政府通过制定相应的法规，引导煤炭企业积极响应国家能源战略，推动煤炭销售向绿色、高效、可持续发展方向转变。在政策的引导下，煤炭企业加大了对清洁能源和节能环保技术的研发投入力度，提高了产品质量和市场竞争力。

同时，政策法规的出台也促使煤炭企业不断探寻新的销售模式和渠道，拓展市场空间。一方面，企业积极推进信息化技术在销售领域的应用，建立完善的销售网络和服务体系，提升了销售效率和客户体验；另一方面，企业加强与国内外能源企业的合作与交流，拓展了产品的销售范围和市场份额。

因此，政策法规对煤炭销售的影响是全方位的，不仅在引导企业合规经营和提升市场竞争力方面发挥作用，也在推动煤炭产业结构调整和转型升级方面具有重要意义。随着国家能源政策的不断优化和完善，煤炭销售将迎来更加广阔的发展空间和机遇。企业应继续深化改革，顺应政策导向，不断提升自身竞争力，实现可持续发展。

第二节　企业管理创新在煤炭行业的应用

一、信息技术在企业管理中的应用

　　信息技术在企业管理中的应用是现代企业发展中不可或缺的组成部分。随着科技的飞速发展，企业管理也在不断进行创新。在煤炭行业中，信息技术的应用可以有效地提高管理效率，降低成本，并且带来更多商业机会。企业可以通过信息技术实现生产、销售、财务等方面的数字化管理，使企业的运营更加智能化和精细化。同时，应用信息技术还可以帮助企业更好地理解市场需求，以及预测未来趋势，为企业的决策提供更准确的数据支持。在煤炭销售过程中，信息技术的应用可以实现供应链的数字化管理，实时监控库存情况，确保及时交货，提高客户满意度。因此信息技术在企业管理中的应用对现代企业的发展至关重要。

　　信息技术在企业管理中的应用已经成为现代企业发展的必然趋势。在当今竞争激烈的商业环境下，企业必须尽可能地提高自己的运营效率和管理水平。通过信息技术的应用，企业可以实现全面数字化管理，从而提升生产效率和产品质量。同时，应用信息技术还可以帮助企业更加精准地掌握市场变化，抓住商机，增加利润。在供应链管理方面，信息技术的应用可以实现供应链透明化和可视化，减少物流成本，提高交货效率。应用信息技术还可以帮助企业建立更加完善的客户管理系统，提升客户满意度，增强客户忠诚度。总的来说，信息技术在企业管理中的应用不仅可以提升企业的竞争力，还可以促进企业的可持续发展。在未来，随着科技的不断进步，信息技术在企业管理中的作用将变得更加重要，将为企业带来更多的机遇和挑战。

二、管理理念创新与企业效益关系

管理理念创新与企业效益关系的重要性不言而喻。在煤炭行业这个传统行业中，企业管理的创新显得尤为重要。只有通过不断更新管理理念，并将其应用于实践中，企业才能在激烈的市场竞争中立于不败之地。管理理念创新不仅可以提高企业的管理效率，也更可以带来更好的经济效益。

在煤炭销售中，管理理念的创新可以有效提升企业的销售绩效，实现销售目标。通过应用先进的管理理念，企业可以更好地了解市场需求，提高销售业绩。同时，管理理念创新还可以帮助企业更好地理解客户，提供个性化的销售服务，从而赢得客户的信任和支持。

管理理念的创新能够提高企业的内部管理效率和员工的工作积极性。通过引入新的管理理念，企业可以优化内部管理流程，减少资源浪费，提高生产效率。同时，新的管理理念也可以激励员工更加积极地投入工作，提高工作效率和工作质量。

总的来说，管理理念创新在煤炭行业的应用对企业的发展至关重要。只有不断更新管理理念，与时俱进，才能更好地适应市场变化，提升企业竞争力，实现可持续发展。管理理念与企业效益之间存在着密不可分的联系，只有通过不断创新，才能实现企业效益的最大化。

管理理念的创新对企业具有深远的影响。通过引入新的管理理念，企业可以更好地适应市场需求的变化，从而提高销售业绩。新的管理理念有助于企业更好地了解客户的需求，提供更加个性化的服务，增强客户的信任和支持。管理理念的创新可以提高企业内部的管理效率，减少资源的浪费，提高生产效率。同时，新的管理理念也可以激发员工的工作积极性和创造力，提高工作效率和质量。总的来说，管理理念的创新不仅能够提升企业的竞争力，还能够实现企业效益的最大化。只有不断创新管理理念，企业才能在激烈的市场竞争中立于不败之地，实现可持续发展。

第三节　煤炭销售与企业管理
创新的重要性分析

一、提升销售效率与企业竞争力

煤炭销售与企业管理创新对企业的重要性不言而喻，它不仅能提升销售效率，还能增强企业的竞争力。作为我国能源行业的重要组成部分，煤炭的销售状况直接关系到国家的能源供应和经济运行。因此，在这个行业中，如何通过创新的企业管理方式来提升销售效率已成为企业亟需解决的问题之一。企业管理创新是企业实现可持续发展的关键，只有不断探索创新的管理方法，才能赢得市场竞争的优势。通过创新，煤炭销售企业可以更好地适应市场需求，提高销售效率，从而提升企业的竞争力。

在现代商业社会，企业管理创新已经成为企业持续发展的核心竞争力。在煤炭销售领域，企业管理创新有助于企业不断调整和优化销售策略，及时应对市场变化，提升销售效率。通过引入先进的管理理念和技术手段，企业能够更好地管理销售流程，提高销售团队的执行力和效率，实现销售目标。企业的竞争力，取决于其销售效率的高低。只有通过企业管理创新，不断提升销售效率，企业才能在激烈的市场竞争中脱颖而出，赢得更多客户的信任和支持。

煤炭销售与企业管理创新的重要性不可忽视。通过创新的管理方式和方法，企业能够提升销售效率，巩固市场地位，增强竞争力。只有不断研究和探索煤炭销售与企业管理创新的关键因素，才能适应市场变化，实现可持续发展。希望未来的煤炭销售企业能够重视企业管理创新，不断提升自身的竞争力，实现更好的发展。

销售效率的提升是企业发展的关键，而这需要企业不断引入先进的管理理念和技术手段。通过合理规划销售流程，提高销售团队的执行效率，企业才能更好地应对市场变化，实现销售目标。同时，企业的竞争力也在于销售效率的高低。只有通过不断创新管理方式，不断提升销售效率，企业才能在市场竞争中脱颖而出，赢得客户的信任和支持。

在这个竞争激烈的时代，煤炭销售企业必须重视管理创新，不断寻求突破。只有紧跟市场变化，灵活调整销售策略，才能适应市场需求，实现企业的可持续发展。同时，煤炭销售企业还应不断研究和探索销售与管理创新的关键因素，不断提升企业的竞争力。

未来，希望煤炭销售企业能够密切关注市场动态，加强内部管理，不断完善销售系统，提高销售效率。通过不断创新，不断优化销售流程，煤炭销售企业将能够在激烈的竞争中占据优势地位，实现更好的发展。企业管理创新是企业发展的不竭动力，只有不断追求创新，不断提升自身能力，企业才能在市场中立于不败之地。

二、降低成本与提高产能

降低成本与提高产能，是企业在市场竞争中对煤炭销售和企业管理创新的重要策略之一。通过有效的成本控制和提高生产效率，企业可以更好地适应市场需求，实现更好的经济效益。在当今全球经济发展的背景下，企业需要不断创新改进，以提高市场竞争力。因此，降低成本和提高产能已成为企业发展中至关重要的一环。为了在激烈的市场竞争中立于不败之地，企业必须重视降低成本和提高产能，从而实现更好的经营效果。

在当今竞争日趋激烈的市场环境下，企业如何更好地降低成本和提高产能已成为摆在经营者面前的重要课题。通过提升生产效率、优化资源配置、引入先进技术装备以及改善管理模式，企业可以有效地实现降本增效的目标。对煤炭销售企业而言，要实现降本增效，需要在节约用能用材、降低生产成本、提高生产效率等方面下功夫。同时，企业还要不断推进技术改造和创新，以提升产品质量和生产效率，从而实现稳步增长的产量和销售额。在市场竞争激烈的情况下，企业管理者要树立成本意识，降低各项成本，提高生产效率，以保持在市场竞争中的竞争力。只有通过不断地提高经营效益，降低生产成本，企业才能在竞争激烈的市场环境中生存并取得成功。因此，降低成本与提高产能不仅是企业的重要策略，也是企业持续发展的动力和保障。企业需要不断优化资源配置，提高生产效率，以应对市场的变化和挑战，实现经济效益的最大化。在全球经济不断发展的背景下，企业要顺应时代潮流，不断进行自我完善和提升，才能在激烈的市场竞争中立于不败之地。

三、创新能力对企业长期发展的影响

创新能力对企业长期发展的影响是非常重要的，对煤炭销售行业来说更是如此。企业管理创新是推动企业发展的动力，只有不断提高管理水平和效率，企业才能在市场中生存和发展。因此，煤炭销售企业必须不断加强创新能力，不断改进产品、服务和管理模式，以适应市场需求的变化和挑战。只有这样，企业才能在激烈的市场竞争中立于不败之地，实现长期可持续发展。

创新能力对企业长期发展的影响是不可忽视的，尤其对煤炭销售行业而言更为重要。在竞争激烈的市场中，只有不断创新，才能保持竞争力。企业管理的创新是推动企业发展的源泉，通过不断提高管理水平和效率，企业才能生存和成长。因此，煤炭销售企业必须不断加强创新能力，不断改进产品、服务和管理模式，以适应市场的变化和挑战。只有这样，企业才能在市场竞争中脱颖而出，取得长期可持续的发展。

在实践中，企业不仅需要重视技术创新和管理创新，不断引入先进的生产设备和技术，提升产品质量和生产效率，也需要不断完善内部管理制度，优化资源配置和员工激励机制，提高企业运营效率和管理水平。同时创新还包括市场策略的创新，企业需要根据市场需求的变化，灵活调整产品定位和营销策略，以适应激烈竞争的市场环境。

除此之外，企业还应不断优化供应链和采购管理，建立稳定可靠的供应网络，确保原材料的稳定供应和成本的控制。同时，企业还应该加强与客户的沟通和合作，通过建立长期稳定的合作关系，了解客户需求，提供个性化的服务，增强客户黏性和品牌忠诚度。

创新能力是企业长期发展的关键，只有不断追求创新，适应市场的变化和需求，企业才能在激烈的竞争中立于不败之地，实现持续发展的目标。

创新能力对企业长期发展的影响是全方位的。除了产品技术和市场策略的创新，企业还需要注重人才培养和团队建设，激励员工的创新意识和团队合作精神。同时，企业还应该注重品牌建设和市场形象的塑造，提升企业的知名度和美誉度。

在商业模式方面，企业需要不断思考和探索，寻找适合自身发展的新路径和新机会。同时，企业应该注重质量管理和风险控制，建立完善的质量体系和风险管理机制，确保产品质量和企业稳健运营。

在社会责任方面，企业应该积极履行社会责任，关注环境保护和公益事业，树立企业良好的社会形象，赢得社会的认可和支持。

总的来说，企业要想实现长期发展，创新能力是必不可少的。只有不断积极创新，适应市场的变化和需求，不断完善自身管理机制和企业文化，才能够在激烈的市场竞争中立于不败之地，实现长期稳健发展的目标。

四、企业管理创新对环境可持续性发挥的作用

企业管理创新可以在煤炭销售行业中发挥重要作用，推动企业持续发展并实现环境可持续性。通过创新管理理念和方式，企业可以有效应对市场变化和竞争挑战，提高生产效率和产品质量，降低成本，拓展销售渠道，提升企业整体竞争力。同时，企业管理创新也能够推动企业实施绿色生产和环保政策，减少环境污染和资源浪费，促进可持续发展。企业管理

创新对环境可持续性的影响不仅表现在企业内部管理方面，也可以推动整个产业链的转型升级，促进整个行业向着更加环保、节能的方向发展。企业管理创新是企业发展的关键驱动力量，对环境保护和可持续发展具有重要意义。

企业管理创新在煤炭销售行业中的作用是多方面的。例如，它可以促进企业在市场竞争中保持领先地位，创造更高的附加值，提高企业盈利能力。同时，企业管理创新还可以激发员工的工作热情和创造力，提升员工的工作效率和个人能力。通过创新管理理念和方式，企业可以更好地满足消费者日益增长的需求，提升品牌知名度和美誉度。

企业管理创新可以推动企业向绿色生产和可持续发展方向转变。通过实施绿色生产和环保政策，企业可以减少对环境的破坏，提高资源利用效率，实现可持续发展。同时企业管理创新的实施还可以带动整个产业链的转型升级，促进行业向更加环保、节能的方向迈进。

总的来说，企业管理创新对企业和行业都具有积极的影响。它可以提升企业的竞争力和盈利能力，推动企业迈向可持续发展的道路，同时也可以促进产业结构的调整和优化。企业管理创新是企业持续发展的重要保障，也是推动环保事业的重要动力。在未来的发展中，企业应该继续深化管理创新，不断提升自身的竞争力和可持续发展能力，为构建绿色可持续的经济体系做出贡献。

第五章 基于现代技术的煤炭销售和企业管理创新应用案例分析

第一节 煤炭销售现状及面临的挑战

一、煤炭市场需求分析

中国煤炭市场一直受到国内外多方面因素的影响，面临着诸多机遇和挑战。随着国民经济的不断发展，作为主要能源资源之一，煤炭市场需求一直稳定增长。在经济结构不断优化升级的大背景下，煤炭市场需求日益多样化和个性化。同时，随着人们环保意识的提升和政府政策的不断收紧，煤炭市场需求也面临着从传统燃煤向清洁能源的转变和升级。

煤炭市场需求分析是企业了解当前市场需求情况，把握市场趋势变化，有效制定销售策略的重要基础。随着信息技术和大数据的广泛应用，企业可以利用现代化的信息系统，快速准确地收集和分析市场需求数据，发现市场需求的新动态和趋势。同时，科技创新也为煤炭销售提供了更多元化的解决方案，如基于互联网的在线销售平台、移动端App等，实现线上线下的融合营销，更好地满足不同客户群体的需求。

总的来说，煤炭市场需求分析不仅是企业适应市场变化、提升销售业绩的关键手段，也是推动煤炭行业结构调整和产业升级的重要保障。只有深入了解市场需求，准确把握市场变化，企业才能在激烈的市场竞争中保持竞争优势，实现可持续发展。

随着社会经济的发展和环保意识的增强，能源的转变和升级已成为当今时代的趋势。在这种大背景下，煤炭市场需求分析显得尤为重要。通过深入挖掘数据、精准预测趋势，企业可以更好地调整产品结构、拓展销售渠道，以适应市场的不断变化。同时，创新的科技手段如云计算、物联网等，也为煤炭销售提供了更多便捷高效的解决方案。

作为煤炭企业管理者，不能局限于过去的经验和模式，而是要积极把握时代脉搏，紧跟市场的步伐。只有通过不断深化市场需求分析，及时调整企业策略，企业才能在日益激烈的市场竞争中立于不败之地。未来，煤炭行业的发展方向将更加多元化，绿色环保、高效节能的产品将受到更多消费者的青睐。因此，在市场需求分析的基础上，煤炭企业需要加大技术研发力度，推出更具竞争力的产品，以赢得更多市场份额。

在这一转型升级的过程中，政府、企业、社会等各方需共同努力。政府应当加大支持力度，制定相关政策鼓励企业创新、绿色生产；企业要不断提升自身竞争力，积极响应国家的政策导向；社会需加强环保意识，共同推动绿色低碳发展。通过多方合作共赢，煤炭行业将迎来更加美好的明天。

二、煤炭行业竞争激烈情况

煤炭行业是我国的重要产业之一，其销售现状和面临的挑战备受关注。随着全球经济的不断发展，煤炭行业竞争日益激烈。各煤炭企业在市场竞争中面临着各种挑战和困难，需要不断进行创新和改革以适应市场的需求。随着人们环保意识的提升和能源结构调整的加快，煤炭行业面临着转型升级的压力，企业管理创新迫在眉睫。在这样的背景下，煤炭企业需要通过引进现代技术和管理方法，不断提高自身的竞争力，以应对市场的挑战。

随着世界经济的快速发展，煤炭行业的竞争愈发激烈。各个煤炭企业必须时刻保持敏锐的市场洞察力，并迅速做出相应的调整和改变。在当前环保意识不断提升的大背景下，煤炭企业不仅需要关注自身的生产效率和产品质量，还需要积极履行社会责任，推动煤炭行业的可持续发展。因此，引进先进的技术和管理方法是至关重要的。只有不断提升竞争力，企业才能在激烈的市场竞争中立于不败之地。

与此同时，煤炭企业还需要关注人才队伍的建设和培养，实现对人力资本的最大化利用。通过建立科学、合理的激励机制，可以激发员工的创新潜力，提高企业的生产效率和质量水平。同时企业管理创新也是非常关键的一环。通过引进先进的管理理念和方法，可以提升企业的管理水平，推动企业向高效、智能方向发展。

更重要的是，煤炭企业需要深入与当地政府和社会各界进行合作，共同应对环保、安全等方面的挑战。只有形成政府、企业和社会共同发展的合力，才能确保煤炭行业的可持续发展。因此，煤炭企业应该积极拓展与政府和社会的沟通合作渠道，共同探讨解决行业问题的有效路径。

在现代社会，煤炭企业要想立于不败之地，就必须不断进行创新和改革，提高企业的综合竞争力。只有如此，企业才能在激烈的市场竞争中脱颖而出，实现可持续发展的目标。

在煤炭行业竞争激烈的情况下，企业需要不断提升自身的核心竞争力。这就要求企业注重技术创新和人才培养，不断引进先进技术和培养高素质员工。企业不仅需建立健全的市场营销体系，提高产品的知名度和市场份额，还应该注重品牌建设，树立良好的企业形象，赢得消费者的信赖和认可。

煤炭企业需要关注环保和安全生产。加强环保设施建设,实施清洁生产,减少对环境的影响。同时,企业要加强安全生产管理,规范操作流程,提高员工安全意识,确保生产过程的安全可控。

除此之外,企业还应该注重与供应链上下游企业的合作,实现资源优化配置,降低成本,提高效益。同时,企业还要积极参与行业协会和组织,了解行业发展动态,分享资源和信息,推动行业整体水平的提升。

总的来说,煤炭企业要应对竞争激烈的情况,需要在技术、人才、市场、环保、安全、合作等方面进行全方位的改进。只有不断努力,才能在激烈的市场竞争中立于不败之地,实现可持续发展。

三、传统煤炭销售方式存在的问题

当前煤炭销售现状及面临的挑战令人担忧。传统的煤炭销售方式存在着诸多问题,亟需进行创新和改革。传统方式所带来的种种困难和挑战,已经不适用于现代化的煤炭行业发展。面临着市场需求变化增加、资源供给矛盾加剧、环境保护压力增大等多重压力,传统煤炭销售方式难以为继。如何有效解决这些问题,推动煤炭销售方式转型升级,已成为摆在企业管理者面前迫切需要解决的课题。

在当前煤炭市场的背景下,传统煤炭销售方式所面临的问题愈发突出,需要企业管理者认真思考如何解决。传统的销售模式存在信息不对称、交易成本高昂等困难,导致市场竞争力下降,需求无法有效匹配。煤炭行业正面临着能源转型和碳排放限制的挑战,传统方式已无法满足环保压力和资源高效利用的需求。进一步而言,随着新技术的不断涌现,传统销售方式已无法适应信息时代的发展,亟需进行改革创新以顺应时代潮流。因此,企业必须寻求新的销售策略和模式,增加市场透明度,降低相关成本,推动煤炭行业向更加可持续、环保的方向发展。唯有如此,才能实现煤炭销售方式的升级转型，推动整个产业链的升级和发展，为行业的可持续发展开辟新的道路。

第二节　现代技术在煤炭销售中的应用

一、电子商务平台在煤炭销售中的应用

电子商务平台在煤炭销售中的应用可以带来许多便利和效益。利用现代技术，企业可以更加高效地管理煤炭销售业务，提高生产效率和盈利能力。通过电子商务平台，企业可以实现全方位的煤炭销售管理，包括订单处理、库存管理、供应链协调等方面。同时，电子商务平台还可以为客户提供更加便捷的购买渠道和支付方式，提升用户体验和满意度。在竞争激烈的煤炭市场中，企业需要不断创新发展，利用现代技术提升煤炭销售管理水平，保持竞争力和可持续发展。

通过电子商务平台的应用，企业可以实现在线下单、实时库存管理、供应链协调等功能。同时，客户也可以通过电子商务平台轻松地选择煤炭种类、下单购买，并选择最适合自己的支付方式，从而提升购买的便利性和效率。应用电子商务平台还可以实现数据的实时更新和分析，帮助企业更好地了解市场需求和行情变化，制定更合理的销售策略。在竞争激烈的煤炭市场中，通过电子商务平台的智能化管理，企业可以更加灵活地应对市场的挑战，提高销售效率和盈利能力。总体来说，电子商务平台在煤炭销售中的应用不仅可以为企业和客户带来便利和效益，还可以推动整个行业的转型升级，提升煤炭销售企业的发展水平和竞争力。

二、大数据分析在煤炭市场预测中的作用

随着科技的不断发展和进步，现代技术在各行各业的应用变得越来

越普遍。在煤炭销售领域，现代技术的应用也为企业带来了许多创新和机遇。通过利用各种先进技术，煤炭企业能够更好地了解市场需求，提高销售效率，优化资源配置，提升企业管理水平，从而实现更好的经营效益。

大数据作为当今最炙手可热的技术之一，对煤炭市场的预测和分析起着至关重要的作用。通过对海量数据的分析和挖掘，企业可以更准确地了解市场的动态变化和消费者的需求，帮助企业制定更科学合理的销售策略，提前预判市场走势，有效降低经营风险，实现可持续发展。因此，大数据分析已经成为煤炭销售和企业管理不可或缺的重要工具之一。

大数据分析在煤炭市场预测中的作用是不可忽视的，它可以帮助企业更准确地把握市场趋势，优化产品结构，提高销售效率。同时，大数据分析还可以帮助企业实现精准营销，根据消费者的需求推出个性化的产品和服务，增强市场竞争力。通过对大数据的挖掘和分析，企业还可以及时发现和解决潜在的问题，提升业务运营效率。

在当今竞争激烈的市场环境下，煤炭企业需要不断创新，紧跟时代步伐。大数据分析技术的运用为企业带来了更多商机和发展空间，使企业能够在激烈的市场竞争中立于不败之地。通过准确的数据分析，企业可以更好地把握市场机遇，制定更有针对性的营销策略，实现销售业绩的稳步增长。

大数据分析可以帮助企业降低成本，提高效益。通过对供应链、生产环节等方面的数据分析，企业可以更好地优化资源配置，降低生产成本，提高生产效率，从而提升企业的整体竞争力和盈利能力。因此，大数据分析在煤炭市场的应用不仅可以促进企业的发展，还可以为整个产业带来更多的机遇和挑战。

三、人工智能技术在煤炭生产和销售中的应用

现代技术在煤炭销售中的应用，是为了提高效率和降低成本，通过人工智能技术在煤炭生产和销售中的应用，可以实现更加智能化的管理和运营。利用先进的技术手段，可以实现对煤炭生产和销售全流程的监控和管理，提升了企业的竞争力和市场份额。通过对煤炭销售数据的分析，可以更好地理解市场需求，制定更为精准的销售策略，实现企业利润最大化。同时，人工智能技术的应用还可以改善煤炭生产环境，提高生产效率，保障生产工人的安全。在未来，随着技术的不断发展，人工智能技术在煤炭销售和企业管理中的应用将会更加广泛，为煤炭行业的发展带来新的机遇和挑战。

人工智能技术在煤炭生产和销售中的应用，极大地提升了企业的运营效率和管理水平。通过数据分析和智能算法，企业可以更好地了解市场需求和趋势，精准制定销售策略，从而实现利润的最大化。同时，人工智能技术也在煤炭生产环境中发挥着重要作用，通过智能化设备和监控系统，提高了生产效率和安全性，为生产工人创造了更加安全的工作环境。随着科技的不断进步和应用，人工智能技术在煤炭行业的应用前景十分广阔，将为企业带来更多的发展机遇和挑战。企业可以加大对人工智能技术的研发和投入力度，不断探索创新，将智能化管理和运营推向更高的水平。未来，随着人工智能技术的不断发展和应用，煤炭行业发展将迎来更加智能化、高效化的新时代，为行业的可持续发展注入新的活力和动力。

四、区块链技术在煤炭交易中的使用

区块链技术在煤炭交易中的使用正逐渐得到广泛应用。通过应用区块链技术，不仅可以实现对煤炭交易的全程监控和溯源，确保交易的透明和公正性，还能够有效防止数据篡改和信息泄露，提高交易的安全性和可信度。在煤炭交易中使用区块链技术，将为煤炭销售和企业管理带来更多的

创新和机遇。

区块链技术在煤炭交易中的使用正逐渐得到广泛应用。通过应用区块链技术，不仅可以实现对煤炭交易的全程监控和溯源，确保交易的透明和公正性，还能够有效防止数据篡改和信息泄露，提高交易的安全性和可信度。

区块链技术的应用不仅提升了煤炭交易的效率，同时也促进了交易过程中的信息共享和合作。煤炭企业可以通过区块链技术建立信任机制，减少交易中可能出现的纠纷和风险，进而降低运营成本，提高市场竞争力。

应用区块链技术为煤炭交易带来了更多的创新可能。例如，通过采用智能合约技术，可以实现煤炭交易的自动化和智能化，提高交易的效率和便利性。利用区块链技术进行煤炭质量监测和审计，可以有效提升煤炭质量管理的水平，保障煤炭交易的质量和安全性。

总的来说，区块链技术在煤炭交易中的应用不仅为煤炭产业带来了新的发展机遇，也为整个产业链的升级和改善提供了新的路径。随着区块链技术的不断发展和完善，相信煤炭交易将迎来更为高效、安全和可持续的发展。

区块链技术的应用不仅为煤炭交易带来了效率的提升和信息共享的促进，同时也为煤炭产业带来了更多的创新可能。例如，利用区块链技术进行煤炭质量监测和审计，不仅可以有效提升煤炭质量管理的水平，保障煤炭交易的质量和安全性，还可以利用其去中心化的特点，使煤炭交易更加透明和可追溯，减少信息不对称带来的问题，增强市场的公平性。

除了在交易中带来的便利和安全性，应用区块链技术还可以通过智能合约实现煤炭交易的自动化和智能化，极大地提高了交易的效率和便利性。同时，应用区块链技术也为煤炭企业建立信任机制提供了可能，减少了交易中可能出现的纠纷和风险，有助于降低企业的运营成本，提高市场竞争力。

随着区块链技术的不断发展和完善，相信煤炭交易将迎来更为高效、安全和可持续的发展。该技术的应用不仅为煤炭产业带来了新的发展机遇，也为整个产业链的升级和改善提供了新的路径。通过不断探索和实践，应用区块链技术将在煤炭交易中持续发挥重要的作用，为行业发展注入新的活力，推动煤炭产业向着更加智能化、绿色化、可持续发展的方向迈进。

五、云计算技术在煤炭企业管理中的实践

云计算技术在煤炭企业管理中的实践是一个重要的技术创新，可以帮助企业更高效地管理资源和信息。企业可以利用云计算技术实现数据的集中存储、处理和共享，提高决策的效率和准确性。通过应用云计算技术，煤炭企业可以实现跨部门、跨地域的信息共享和协作，提升企业整体管理水平和竞争力。同时应用云计算技术还可以帮助企业进行数据分析和预测，为企业的战略决策提供支持和参考。在煤炭行业日益激烈的竞争环境下，只有不断引入和应用新技术，才能保持企业的竞争优势和持续发展。

云计算技术的广泛应用为煤炭企业带来了许多新的机遇和挑战。在信息化、数字化的时代背景下，煤炭企业必须不断更新自身管理理念和方法，以适应市场竞争的需要。应用云计算技术不仅可以帮助企业实现资源的高效管理，还可以提升企业在数据分析和预测方面的能力。通过应用云计算技术，煤炭企业可以更好地了解市场变化，优化生产和经营流程，提高管理决策的准确性和实效性。

除此之外，应用云计算技术还可以帮助煤炭企业建立起高效的信息共享和协作机制，实现部门间、地域间的信息无缝对接，提升企业整体管理水平和竞争力。通过应用云计算技术，企业可以更加迅速地获取所需信

息，及时做出决策，并快速响应市场变化。在激烈的市场竞争中，煤炭企业需要借助新技术的力量，不断提升自身实力和竞争优势，保持持续发展的动力。

在未来，随着云计算技术的不断发展和完善，煤炭企业还将面临更多新的机遇和挑战。只有不断加强技术创新，积极引进并运用新技术，才能使企业在激烈的市场竞争中立于不败之地，实现长期可持续发展。在云计算技术的助力下，煤炭企业将迎来管理模式的新革命，采取更高效、更智能的管理方式，促进企业未来的发展。

第三节　创新管理模式在煤炭企业中的应用

一、灵活的供应链管理模式在煤炭企业中的应用

煤炭企业在实践中逐渐意识到传统的供应链管理方式已经无法满足现代市场的需求，因此开始探索一种更具灵活性和适应性的供应链管理模式。这种新型的供应链管理模式充分综合了市场需求的变化和企业内外部环境的不确定性，能够更快速地响应市场变化，并具有更强的适应性和灵活性。在煤炭企业中，这种灵活的供应链管理模式已经开始得到应用。企业通过建立合作伙伴关系，加强信息共享和协作，实现了供应链各环节的紧密联系和协同运作。同时，企业还借助信息化技术和大数据分析，优化供应链设计，提升供应链运作效率和灵活性。这种灵活的供应链管理模式不仅使煤炭企业能够更好地适应市场变化，还为企业创造了更多的竞争优势和商业价值。

在煤炭企业中，灵活的供应链管理模式的实践取得了显著成果。企业之间建立起紧密的合作伙伴关系，信息共享和协作变得更加高效。通过利用信息化技术和大数据分析，企业成功地优化了供应链设计，提升了供应链运作的效率和灵活性。同时，灵活的供应链管理模式也为企业带来了更

多的竞争优势和商业价值。

　　除了加强合作关系和信息共享，煤炭企业还不断探索创新的供应链管理方式。一些企业开始尝试引入智能物流技术，实现供应链的自动化和智能化管理。另一些企业则注重发展绿色供应链，通过减少环境污染和资源浪费，实现可持续发展。

　　随着市场需求的不断变化和技术的不断进步，煤炭企业对供应链管理的要求也在不断增加。未来，煤炭企业需要继续加强与供应链伙伴的合作，不断优化供应链设计，引入新技术，提升供应链管理的灵活性和适应性。只有不断创新和完善供应链管理模式，煤炭企业才能更好地适应市场的变化，保持竞争优势，创造更多的商业价值。

二、新型的人才培养与激励机制探讨

　　在现代煤炭销售和企业管理领域，创新管理模式的应用已经成为提升企业竞争力和效率的关键。在煤炭企业中，人才培养与激励机制是推动企业发展的重要环节。通过引入新型的人才培养机制，企业可以有效培养具有专业技能和创新能力的人才，为企业注入新的活力和动力。同时，激励机制的建立也能够激发员工的工作热情和创造力，促进企业的持续发展。因此，探讨新型的人才培养与激励机制对煤炭企业的发展至关重要。

　　在现代煤炭销售和企业管理领域，创新管理模式的应用已经成为提升企业竞争力和效率的关键。在煤炭企业中，挖掘和培养人才是企业发展的基础。新型的人才培养机制可以为企业输送更多具备专业技能和创新能力的优秀人才，也可以为企业的未来发展注入强劲动力。人才不仅是企业的核心竞争力，更是企业成功的关键因素。建立起科学合理的人才梯队，将成为企业发展的坚实基础。

　　除了培养人才，激励机制同样不可或缺。激励机制的建立，能够激发员工的工作激情和创造力。通过有效的激励手段，可以激发员工的潜能，使他们更加投入工作中，为企业的发展贡献力量。同时激励机制还能够增强员工对企业的归属感和责任感，使员工与企业产生深层次的共鸣，为企业的可持续发展提供强大支撑。

在现代社会，人才的培养和激励是公司成功的关键要素。公司应该根据实际情况，不断优化人才发展的路径和激励机制，以创造出更加有竞争力和活力的企业。只有重视人才的培养和激励，激发员工的潜能和创造力，企业才能在激烈的市场竞争中立于不败之地，迈向更加美好的未来。

三、资本运作的新思路在煤炭行业的实践

现代煤炭销售和企业管理创新应用研究中，煤炭企业创新管理模式的应用和资本运作的新思路在煤炭行业的实践中，具有重要意义。在应对市场竞争和经济发展的挑战时，企业必须不断创新管理模式，拓展资本运作的思路，以提高企业的竞争力和盈利能力。在煤炭行业这个传统行业中，创新管理和资本运作模式尤为关键，能够有效推动企业的发展和转型升级。通过案例分析可以看出，采用新颖的管理模式和资本运作策略，可以带来更好的经济效益和社会效益，实现企业的可持续发展。

在现代煤炭销售和企业管理创新应用研究中，通过不断探索创新管理模式和拓展资本运作的新思路，煤炭行业将迎来一轮全面升级的机遇。在应对市场竞争和经济发展的挑战中，企业需要积极引入新概念和新技术，不断完善管理体系，提高生产效率和管理水平。通过不断创新，煤炭企业可以更好地应对市场波动，抢占竞争优势，实现更好的发展。

在这个传统行业中，创新管理和资本运作成为关键因素。通过优化人力资源配置、提高生产效率和推动企业数字化转型，煤炭企业可以实现生产经营的良性循环，提升企业核心竞争力。同时，更灵活的资本运作和创

新融资模式，可以为企业提供更多的发展空间和资源支持。通过合理配置资金，煤炭企业可以有效规避市场风险，稳健推动企业发展。

通过案例分析可以看出，一些煤炭企业在管理模式和资本运作方面取得了显著的成果。这些企业不断完善企业内部管理机制，打造高效团队，提高生产效率，降低生产成本，实现了生产经营效益和社会效益的双赢。同时，这些企业积极开拓国际市场，加大资本投入力度，引进并应用先进技术，提升产品质量，扩大市场份额，获取更高的经济效益和社会效益。

因此，在现代煤炭销售和企业管理创新应用研究中，重视创新管理和资本运作的重要性，积极引入新理念和新技术，不断优化企业发展模式，提高企业核心竞争力，是煤炭企业持续发展的重要保证。

四、绿色环保理念在煤炭企业中的推广

着眼于绿色环保的理念，在煤炭企业中推广对环境友好的做法至关重要。通过引入创新管理模式，可以有效提高企业的环保意识和责任感，从而实现绿色发展的目标。煤炭企业在应用创新管理模式的同时，也需要加大对绿色环保理念的宣传力度，让员工和合作伙伴都能意识到保护环境的重要性。通过推广绿色环保理念，煤炭企业可以实现可持续发展，为促进社会发展和环境保护做出更大的贡献。

绿色环保理念在煤炭企业中的推广是当前社会发展的必然趋势。只有通过创新管理模式的引入，企业才能真正提升环保意识和责任感，实现绿色发展的目标。在应用创新管理模式的同时，企业也需要不断加大对绿色环保理念的宣传力度，唤起员工和合作伙伴对环境保护的重视。

绿色环保不仅是企业的责任，更是一种义务。作为社会的一员，企业必须承担起环保的责任，积极响应国家对环保政策的号召，为实现绿色发展尽自己的一份力。只有在绿色环保理念的指引下，企业才能在竞争激烈

的市场中脱颖而出，树立良好的企业形象。所以，推广绿色环保理念对企业来说至关重要。

煤炭企业应该在生产经营中时刻牢记绿色环保理念，加大投入绿色技术研发和应用力度，着力减少污染物排放，降低对环境的影响。通过引入先进的生产设备和管理模式，优化资源利用，实现资源的可持续利用，为环境的改善做出积极贡献。只有逐步改变传统的生产方式，才能实现绿色环保的目标，让企业在可持续发展的道路上稳步前行。

五、创新科技在提升煤炭企业核心竞争力中的作用

创新管理模式在煤炭企业中的应用是至关重要的，能够有效提高企业的运营效率和管理水平。通过引入新的管理理念和方法，煤炭企业可以更好地应对市场竞争和挑战，实现可持续发展。同时，创新科技在提升煤炭企业核心竞争力中也发挥着举足轻重的作用。通过应用现代科技手段，煤炭企业能够实现生产过程的智能化、信息化和数字化，提高生产效率和产品质量，满足客户需求，从而在市场竞争中占据有利地位。创新管理模式和科技的有机结合，不仅有助于煤炭企业降低成本、提高效益，还能推动企业向产业链价值链的高端升级，实现可持续发展。

创新管理模式和科技的有机结合将为煤炭企业带来全新的发展机遇。在现代科技的辅助下，煤炭企业可以实现生产过程的智能化和信息化，从而提高企业的生产效率和产品质量。现代化的科技手段不仅可以实现生产自动化，还可以为企业提供更为精准的管理数据和决策依据，帮助企业更好地把握市场动态和需求变化。在全球市场竞争日益激烈的背景下，煤炭企业需要不断提升自身的核心竞争力，而创新科技正是实现这一目标的有效途径。

通过引进先进的科技设备和技术，煤炭企业可以在提高生产效率的同时，不断完善产品的品质和性能。现代科技的应用将助力企业提升自身在

市场上的竞争力，拓展业务范围，增强品牌影响力，实现可持续发展。同时，创新管理模式的导入也将为企业带来更为高效的管理机制和运营模式，促进企业组织的优化和管理水平的提升。

在未来的发展过程中，煤炭企业需要不断探索创新科技与管理模式的最佳结合途径，不断完善自身的技术装备和管理手段，适应市场的需求变化并保持竞争优势。通过创新科技的应用，煤炭企业可以实现从传统产业向智能产业的转型升级，推动企业实现可持续发展的目标，引领行业的变革与创新。

第六章　现代煤炭销售与企业管理创新的未来发展方向

第一节　未来煤炭销售趋势分析

一、国内煤炭市场政策变化对销售的影响

随着时代的发展和技术的进步，未来煤炭销售面临着许多新的机遇和挑战。国内煤炭市场政策的变化将直接影响着销售的发展方向和节奏。政策的制定和调整，将对煤炭价格、供应链管理、环境保护等方面产生深远影响，企业需要及时调整销售策略，以适应市场的变化。

政策变化往往会带来销售模式的调整和创新，企业需要充分了解政策的变化，及时调整销售策略，创新销售模式，拓展销售渠道。同时，政策的变化也会对企业的生产和经营管理提出更高的要求，企业需要提升管理水平，加强内部管理，提高生产效率，降低成本，以增强市场竞争力。

在政策的指导下，未来煤炭销售将更加注重绿色环保和可持续发展。企业需要积极响应国家的环保政策，推动煤炭生产和销售的绿色化和可持续发展。同时，企业还应该加强与政府和环保组织的沟通与合作，共同推动行业的可持续发展，实现经济效益和社会效益的双赢。

随着市场的变化和政策的调整，未来煤炭销售将呈现出更加多样化和专业化的趋势，企业需要不断创新，提升服务质量，满足客户需求，以适应市场的变化和发展。只有不断创新和提高管理水平，企业才能在激烈的市场竞争中立于不败之地，实现可持续发展。

在煤炭市场政策变化的影响下，企业面临着更为严峻的挑战。随着人们环保意识的提升，绿色化已然成为企业发展的迫切需求。通过科技创新和管理升级，企业可以在绿色环保领域大展拳脚，提升企业形象和竞争力。

同时，随着市场竞争的加剧，客户需求的多样化也成为企业生存的关键。企业需要不断改进产品质量和服务质量，以满足不同客户的需求，赢得更多市场份额。在这个过程中，企业需要注重团队建设和人才培养，提升员工的专业技能和素养，打造一支具有竞争力的团队。

随着科技的不断发展，数字化、智能化已经成为企业发展的主要方向。企业可以借助信息技术的力量，实现生产过程的智能化管理，提高生产效率和降低成本。通过建设数字化平台，实现生产数据的实时监控和分析，企业可以更好地把握市场动态，做出更为精准的决策，提升企业的竞争力和盈利能力。

随着政策和市场的变化，企业需要不断创新和进步，提升管理水平和服务质量，再造核心竞争力，实现可持续发展。只有不断适应新的环境和要求，企业才能立于市场中，获得更多的商机和利润。

二、国际市场需求对煤炭销售的启示

未来煤炭销售趋势分析将会受到国际市场需求的影响。随着全球能源需求的增长，作为主要的能源资源之一，煤炭仍然具有重要的市场地位。国际市场需求的变化将引领着煤炭销售的发展方向，企业需要不断调整销售策略，以适应市场的需求变化。

国际市场需求对煤炭销售的启示是企业在销售过程中需要更加关注市场需求的变化。随着全球能源结构的转型，煤炭的市场需求可能会出现波动，企业需要通过市场调研和分析，把握市场变化趋势，及时调整产品结构和销售策略，以满足不同国家和地区的需求。

未来煤炭销售的发展方向可能受到绿色能源开发和可持续发展的影响。随着环保意识的增强，国际市场对清洁煤炭和低碳煤炭的需求将会逐渐增加。企业可以通过技术创新和产品升级，提高煤炭资源的利用效率，同时减少环境影响，以满足国际市场的需求。

在未来煤炭销售的趋势分析中，企业需要关注全球能源市场的竞争格局。随着国际贸易的深入发展，各国煤炭企业之间的竞争将会日益激烈。企业需要通过提高品质和降低成本，增强自身竞争力，抢占更多的市场份额，实现可持续发展和长期稳定的销售。

总的来说，未来煤炭销售将受到国际市场需求的影响，企业需要不断调整策略，适应市场变化。同时要关注绿色能源和可持续发展的趋势，提高产品的品质和降低成本，抢占竞争优势，实现稳定的销售增长。

随着环保意识不断提高，全球能源市场正经历着巨大的变革。作为传统能源之一，煤炭面临着转型升级的机遇与挑战。在国际市场需求日益增长的背景下，企业需要加大技术创新和产品升级力度，以提高煤炭资源的利用效率和减少环境污染。只有不断提升产品质量，降低生产成本，企业才能在激烈的市场竞争中立于不败之地。

除了关注环保趋势和国际市场需求，企业还需要密切留意产业链条的发展变化。在全球化的背景下，各个环节之间相互联系、互为依存，煤炭企业要在市场中立足，必须深入了解并适应产业链上下游的变化。只有抓住机遇，抢先布局，企业才能实现市场占有率的稳步提升和长期的销售增长。

值得一提的是，随着新能源技术的日渐成熟和应用，煤炭产业正面临着前所未有的挑战。为了实现可持续发展和长期稳定的销售，煤炭企业需要积极响应政府政策，不断推动节能减排、绿色生产，与时俱进地调整发展方向和战略规划。只有在持续改进和创新中不断超越自我，企业才能在未来的市场竞争中立于不败之地。

三、新能源替代给煤炭销售带来的挑战

近年来，随着人们环保意识不断提高和新能源技术的不断发展，替代煤炭的新能源逐渐受到人们的关注和青睐。这种趋势给传统的煤炭销售业务带来了不小的挑战。新能源的崛起将进一步影响煤炭市场的供需格局，企业需要积极应对这一挑战，寻求转型升级的解决方案。在这种背景下，煤炭企业需要不断创新，提升管理水平，适应新能源替代带来的市场变化，保持竞争力。

近年来，人们环保意识的提升和新能源技术的飞速发展，给传统的煤炭销售业务带来了严峻挑战。随着新能源替代煤炭的步伐不断加快，煤炭市场的供需格局也在发生着翻天覆地的变化。面对这一新的形势，煤炭企业必须认清形势，迎难而上，寻求转型升级的有效解决方案。

在这种背景下，煤炭企业管理者需要跳出传统思维定式，勇于创新，积极调整产品结构和经营模式。只有紧跟时代步伐，不断探索新的发展路径，煤炭企业才能在新能源替代的大潮中立于不败之地。同时，企业还需加大对新能源技术的研发和应用力度，提高自身核心竞争力，以应对激烈的市场竞争。

除此之外，煤炭企业应当加强与政府、科研院所等相关部门的合作，共同推动绿色能源发展。同时，企业还可以通过加强行业协会等组织内部的沟通与交流，共同探讨解决方案，共同应对挑战。只有紧密团结，携手合作，企业才能够在激烈的市场竞争中抢占先机，保持自身竞争力。

在新能源替代对煤炭销售带来的挑战影响下，煤炭企业管理者需要以

更加开放的胸怀，以更加务实的态度、更加创新的思维，迎接新的挑战，开拓新的局面。只有不畏艰难，不惧挑战，企业才能够在激烈的市场竞争中立于不败之地，实现可持续发展的目标。

第二节 企业管理创新方向探讨

一、数据驱动的销售管理模式

现代煤炭销售和企业管理创新应用研究的未来发展方向，需要探讨企业管理创新的方向，其中数据驱动的销售管理模式将是重要的一部分。企业将借助大数据技术，深入分析市场需求和客户行为，实现精准营销和个性化服务，从而提高销售效率和客户满意度。数据驱动的销售管理模式将成为未来企业快速发展的重要手段，为企业决策提供科学依据，增强企业竞争力。

通过数据驱动的销售管理模式，企业可以更好地了解市场需求和客户群体特征，有针对性地进行产品定位和营销策略制定。企业可以实时监测销售数据，分析销售趋势，及时调整销售策略，提高销售业绩。同时，数据驱动的销售管理模式还可以帮助企业建立客户档案，精准推送个性化服务，提升客户忠诚度。

在未来的发展中，企业需要加强数据管理和分析能力，挖掘数据背后的商业价值，不断优化销售流程和服务体验。同时，企业还需要加强数据安全和隐私保护，确保客户数据的安全和合法使用。数据驱动的销售管理模式需要企业与技术公司合作，共同研发数据分析工具和平台，推动企业管理创新，实现销售与企业管理的新突破。

数据驱动的销售管理模式是现代煤炭销售和企业管理创新的未来发展方向之一。通过数据分析和技术创新，企业可以实现销售业绩的提升和企业管理效率的提高，进而推动企业可持续发展。期待未来企业在数据驱动的销售管理模式下取得更大的成功。

在数据驱动的销售管理模式中，企业需要不断提升数据处理和分析的能力，深度挖掘客户数据背后的商业需求，以更精准的方式定制个性化服务，从而提升客户满意度和忠诚度。在这一模式下，企业可以实现销售过程的全面优化，加强市场竞争力，提升品牌影响力。

随着科技的不断发展，数据安全和隐私保护变得更加重要。企业需要建立健全的数据安全体系，保障客户数据的完全安全和合法使用，以增强客户信任和品牌形象。与技术公司的合作也变得至关重要，共同研发数据分析工具和平台，推动企业管理的智能化和精细化，实现销售和企业管理的协同发展。

数据驱动的销售管理模式将成为未来企业发展的主要趋势。通过数据分析和技术创新的不断推动，企业将实现销售业绩的快速增长和企业管理效率的大幅提升，从而实现可持续发展的目标。

数据驱动的销售管理模式不仅是企业的发展趋势，也是企业提升竞争力和品牌影响力的关键举措。借助数据分析和技术创新，企业可以更好地了解客户需求，优化销售策略，提升产品服务质量，从而实现销售过程的全面优化。随着消费者对个性化服务的需求不断增长，数据驱动的销售管理模式能够帮助企业更好地满足客户需求，提升客户满意度，建立长期稳定的客户关系。除了客户需求，数据驱动的销售管理模式还可以帮助企业更好地把握市场趋势，及时调整销售策略，快速响应市场变化，增强市场竞争力。同时数据驱动的销售管理模式还可以帮助企业提升品牌影响力，树立市场形象，赢得消费者信任。通过不断分析和利用数据，企业可以更好地了解市场需求，完善产品设计，提高品牌知名度，实现品牌的长期发展。因此，采用数据驱动的销售管理模式是企业未来发展的必由之路，希望企业能够认识到其重要性，积极推进数据驱动的销售管理模式的落地实施，实现持续发展。

二、人工智能在企业管理中的应用

人工智能在企业管理中的应用是当前研究与实践的重要课题。通过人工智能技术的应用，企业可以更加科学、高效地进行管理决策，提升企业的竞争力和创新能力。在煤炭销售领域，人工智能可以帮助企业实时监控市场需求，优化供应链管理，提高生产效率，降低成本。同时，人工智能还可以帮助企业分析数据，预测市场走势，为企业制订战略规划提供科学依据。未来，随着人工智能技术的不断发展和应用，企业管理将迎来新的机遇和挑战，需要不断探索创新，寻找适合自身发展的管理模式。

人工智能的应用已经逐渐深入到企业管理的方方面面，为企业带来了前所未有的管理方式和思路。在人工智能技术的支持下，企业可以更加智能地进行销售预测、市场营销、产品研发等方面的管理工作。通过人工智能技术，企业可以实现数据驱动的管理决策，提高管理效率和决策质量，为企业的长期发展提供有力支持。

特别是在煤炭销售领域，人工智能的应用为企业管理提供了更多的可能性。通过人工智能技术，企业可以实现对市场需求的实时监控和分析，确保产品供应与市场需求的有效匹配，避免因产能过剩或者供不应求带来的损失。同时，人工智能可以优化供应链管理，提高生产效率和产品质量，降低企业的运营成本，提升企业的竞争力。

人工智能技术可以帮助企业进行大数据分析，预测市场走势，为企业制订战略规划提供科学依据。通过对数据的深度分析，企业可以更好地把握市场动态，应对激烈的市场竞争，提前制定相应的应对措施，保持企业的持续竞争优势。

随着人工智能技术的不断发展和应用，未来企业管理将迎来更多的机遇和挑战。企业需要不断创新，将人工智能技术与自身发展相结合，找到适合自身发展的管理模式，才能在激烈的市场竞争中立于不败之地，实现长期稳定的发展。

人工智能在企业管理中的应用不仅可以提高企业的生产效率和竞争力，还可以帮助企业更好地了解消费者需求，实现个性化定制目标，提升客户满意度。通过人工智能技术的支持，企业可以更快速地反馈市场信息，不断优化产品设计和服务，满足不断变化的消费者需求。

应用人工智能可以帮助企业进行风险管理和预防，提前识别潜在的经营风险，并采取相应的措施，保障企业的稳健发展。借助人工智能技术，企业可以更加精准地预测市场走势和风险因素，及时调整经营策略，降低经营风险，确保企业的可持续发展。

人工智能可以帮助企业构建智能化的管理体系，提升管理效率和决策精准度。通过引入智能化的管理软件和系统，企业可以实现信息自动化收集和分析，提高管理的科学性和决策效率，使企业管理更加有序和高效。

随着人工智能技术的不断深入应用，企业未来将迎来更多的机遇和发展空间。只有不断加强技术创新，结合企业实际情况，灵活运用人工智能技术，企业才能在激烈竞争中立于不败之地，实现企业的长期稳定发展。

三、绿色生产对企业管理的影响

绿色生产理念在现代企业管理中扮演着越来越重要的角色。企业需要关注和尊重环境、社会和经济的可持续发展，通过绿色生产来减少环境污染和资源浪费，提高企业的竞争力和可持续发展能力。绿色生产要求企业在产品设计、生产过程和销售环节中实施环保措施，优化资源利用，减少能源消耗和排放。企业管理创新需要紧密结合绿色生产理念，制定可持续发展战略，推动绿色生产在企业中的全面实施。

绿色生产不仅是一种环保理念，更是企业管理创新的重要方向。企业在实施绿色生产的同时，需要重新审视自身的管理模式和策略。绿色生产要求企业在制定产品设计方案时考虑环境友好型和节约能源的原则，通过技术创新和流程优化来减少废弃物和资源浪费。在生产过程中，企业需要加强对环保设备的投入和运用，提高生产效率的同时减少环境排放和资源消耗。同时企业还需要在销售环节中传递绿色理念，引导消费者节约能源和保护环境。

在绿色生产的要求下，企业管理需要与时俱进，注重可持续发展战略的制定和实施。企业管理者应该注重员工的环保意识培养和技能培训，激励员工积极参与绿色生产的实践和推广。通过引入绿色生产理念，企业可以提高自身的市场竞争力，树立环保形象，并获得消费者的认可和支持。企业管理者需要以全局的视野来审视企业的发展战略，将绿色生产作为企业发展的重要支撑和动力。

总的来说，绿色生产对企业管理的影响是全方位的，它不仅促进了企业的可持续发展，还在一定程度上改变了企业的管理理念和方式。企业需要紧跟绿色生产的步伐，不断更新自身的管理模式和策略，从根本上提升企业的竞争力和可持续发展能力。只有通过绿色生产的实施和推广，企业才能在未来的市场竞争中立于不败之地，创造出更加美好的发展前景。

四、业务流程优化与企业管理创新

现代煤炭销售和企业管理创新是当前研究的热点之一，其未来发展方向值得探讨。企业管理创新应该与业务流程优化相结合，以实现更高效的运作和更优质的服务。在未来的发展中，企业可以通过优化业务流程来提高销售效率和管理水平，进而实现企业的长期发展目标。企业管理创新的方向包括但不限于技术应用、人才培养、管理模式创新等方面的探讨，这将有助于企业在激烈的市场竞争中立于不败之地，推动现代煤炭销售行业向更加健康可持续的方向发展。

在当今竞争激烈的市场环境中，现代煤炭销售和企业管理创新是企业发展的关键。业务流程优化与企业管理创新的结合，对企业实现高效运作和提供优质服务至关重要。未来发展的方向需要企业在技术应用、人才培养、管理模式创新等方面进行深入探讨。优化业务流程可以帮助企业提高销售效率和管理水平，从而实现企业的长期发展目标。

在企业管理创新的道路上，技术应用是至关重要的一环。通过引入先进的信息技术和智能化系统，可以帮助企业提升管理效率和决策水平，从而更好地适应市场需求变化。同时，人才培养也是企业管理创新的重要方向。企业需要不断注重员工的技能培训和职业发展，培养出具有创新思维和团队合作能力的高素质人才。

管理模式创新是企业持续发展的关键。企业可以探索更加灵活的管理模式，如扁平化管理、项目化管理等，以适应快速变化的市场环境。通过不断创新管理模式，企业可以提高组织的敏捷性和适应性，更好地应对市场竞争压力。

总的来说，现代煤炭销售行业需要不断探索和创新，将企业管理创新融入业务流程优化中，实现持续发展并朝着更加健康可持续的方向发展。通过技术、人才和管理等多方面的综合创新，企业可以在竞争激烈的市场中立于不败之地，实现长期稳定发展。

在当今竞争激烈的市场环境中，企业要实现持续发展，关键在于不断探索和创新。除了业务流程优化和管理模式创新，企业还需要重视技术创新和市场营销策略的创新。技术的不断革新可以帮助企业提高生产效率和产品质量，从而赢得更多客户。同时，通过市场营销策略的创新，企业可以更好地把握市场需求，根据客户的反馈及时调整产品和服务，赢得市场份额。

企业在经营中需要注重企业文化建设和社会责任。优良的企业文化可以凝聚员工的向心力，增强团队的凝聚力和战斗力。同时，企业要履行社会责任，积极回馈社会，树立良好的企业形象，赢得消费者的信任和尊重。只有在技术、管理、市场、文化和社会责任等多个方面综合创新，企业才能在激烈的市场竞争中立于不败之地。

企业要坚持不懈地进行自我反思和改进。不断审视自身经营中存在的问题和不足，及时调整经营策略和战略规划，企业才能在激烈的市场竞争中立于不败之地，实现长期稳定发展。企业必须保持谦虚谨慎的态度，不断提高自身综合实力，适应市场需求变化，不断追求创新和进步。

五、品牌建设与企业管理的关系

品牌建设与企业管理的关系是现代企业发展中至关重要的一环。随着市场竞争的日益激烈，品牌建设成为企业在同类产品中脱颖而出的重要手段之一。企业管理创新需要紧密结合品牌建设，通过创新的管理模式和策略，为品牌打造更广泛的市场认知度和美誉度。企业管理创新在品牌建设过程中扮演着重要角色，不仅能够提高企业的竞争力，还能够为企业带来更多的商业机会和利润空间。

对企业管理创新的方向探讨是现代企业发展中必不可少的一环。随着时代的不断变迁和市场的不断发展，企业需要不断创新管理模式，以适应市场的需求和潮流。企业管理创新的方向主要包括组织架构优化、技术应用创新、人才管理创新等方面。通过不断地探索和实践，企业可以找到适合自身发展的管理模式，提高企业的竞争力和盈利能力。

品牌建设与企业管理的关系密不可分。品牌是企业对外的形象和象征，是企业在消费者心中树立的信任与认可。企业管理是品牌建设的基础，通过科学合理的管理模式，可以为品牌的建设提供支持和保障。只有不断创新的企业管理方式，才能为品牌的建设提供持续的动力和保障，使品牌在市场竞争中立于不败之地。品牌建设与企业管理的结合，可以为企业的发展开拓更广阔的空间，提升企业在市场中的竞争力和地位。品牌建设与企业管理的双轮驱动，将成为未来企业发展的重要趋势和方向。

品牌建设是企业一项极其重要的工作，这不仅是一种象征，更是企业对外的展示。企业管理创新不仅是企业内部管理优化，更是为企业的长远发展打下基础。品牌建设和企业管理相辅相成，相互促进，构成企业发展的"双轮驱动"模式。在市场竞争激烈的背景下，企业需要不断地探索和实践，找到适合自身发展的管理模式，提高自身的竞争力和盈利能力。

在这个过程中，企业需要不断优化组织架构，提高管理效率；积极运用科技创新，提升企业的生产力和服务质量；注重人才管理，激发员工的创造力和团队合作精神。只有将品牌建设与企业管理紧密结合，才能实现双赢局面。品牌是企业的灵魂和核心竞争力，是企业在市场中立于不败之地的重要保障。企业管理则是为品牌的建设提供坚实的基础和持续的动力。

未来，随着市场环境的不断变化和发展，品牌建设和企业管理的关系将变得更加紧密。企业需要不断探索创新，找到适合自身的发展模式，不断提升企业的竞争力和市场地位。品牌建设与企业管理的双轮驱动将成为企业持续发展的有力引擎，引领企业赢得更加美好的未来。

第三节 未来研究方向展望

一、煤炭销售与企业管理的跨界融合研究

煤炭销售与企业管理的跨界融合研究将是未来研究的重要方向之一。通过深入探讨煤炭行业和企业管理领域的交叉点，可以带来更多的创新和突破。未来的研究可以从多个角度展开，包括市场营销策略、供应链管理、企业文化建设等方面进行深入探讨。煤炭销售领域的创新模式和企业管理的最佳实践可以相互借鉴，促进煤炭企业的可持续发展和竞争力提升。期待未来研究能够为煤炭销售和企业管理的发展提供更多的启示和支持。

煤炭销售与企业管理的跨界融合研究不仅可以促进煤炭企业的可持续发展，还可以为整个行业带来更多的创新和突破。在市场营销策略方面，煤炭企业可以结合当今数字化时代的趋势，利用大数据分析和人工

智能技术，精准地定位目标客户群体，并推出个性化的营销方案。同时，通过不断优化供应链管理系统，煤炭企业可以实现物流成本的降低和效率的提升，从而更好地满足客户的需求。

在企业文化建设方面，煤炭企业可以借鉴先进企业管理的最佳实践，构建积极向上的企业文化氛围，激发员工的创新潜力和团队合作精神。通过建立健全的激励机制和培训体系，煤炭企业可以吸引更多优秀人才的加入，提升整体组织的竞争力和凝聚力。同时，加强与相关政府部门和社会各界的沟通与合作，推动煤炭企业走上科学、规范、可持续的发展道路。

未来的煤炭销售和企业管理领域的研究将会更加多样化和深入，不仅要关注煤炭企业的经济效益和竞争力，还要关注其社会责任和环境保护意识。唯有在跨界融合的研究中不断探索前行，煤炭企业才能在激烈的市场竞争中立于不败之地，实现可持续发展和长期稳定增长。

二、绿色发展理念在煤炭行业的应用探讨

随着社会发展与环境问题的日益凸显，绿色发展理念在煤炭行业的应用成为一个备受关注的话题。煤炭作为传统能源的重要组成部分，其开发利用所带来的环境问题不容忽视。在未来的研究中，我们需要深入探讨如何将绿色发展理念融入煤炭行业的生产、销售和管理当中，提出相应的策略和措施，促进煤炭企业向绿色、可持续的方向转变。

绿色发展理念的应用探讨涉及多个方面，包括资源利用、环境保护、创新技术等。未来的研究可以从煤炭生产过程中的节能减排、清洁煤技术的研发、绿色煤炭销售渠道的建设等方面展开，探讨如何实现煤炭行业的可持续发展。同时，还需要关注煤炭企业在管理方面的创新，推动企业向绿色、智能、高效的方向转变。

绿色发展理念的应用需要全社会共同努力，政府、企业、科研机构等各方都需要积极参与其中。未来的研究可以通过跨学科的合作，利用新兴

技术如大数据、人工智能等手段，为煤炭销售和企业管理创新提供更多的思路和支持。只有在全社会共同努力下，煤炭行业的绿色发展才能取得实质性进展，为我国的经济可持续发展提供支撑。

　　未来的研究还可以关注煤炭行业与其他产业的协同发展，探讨如何实现资源的共享和循环利用。同时，研究者可以深入煤炭企业的社会责任履约情况，促进企业在环保、安全生产等方面的改善。另外，绿色金融在煤炭行业的应用也是一个重要的研究方向，可以探讨如何通过金融手段引导企业向绿色发展转型。在政策层面，研究者可以评估各类环保政策对煤炭行业可持续发展的影响，提出更加科学有效的政策建议。综合上述各方面的研究内容，可以为煤炭行业的绿色发展提供更为全面和实践性的支持，推动行业进一步可持续发展。

三、创新技术对煤炭销售和企业管理的推动效应

　　创新技术对煤炭销售和企业管理的推动效应，在未来的发展中将起到至关重要的作用。通过运用先进技术，可以实现更高效的煤炭销售和更有效的企业管理，推动整个行业迈向更加智能化和数字化，为企业带来更多发展机遇。同时，创新技术还能够帮助企业提升生产效率、降低成本、提高产品质量，从而保持竞争优势。通过未来的研究和实践，我们可以不断探索创新技术在煤炭销售和企业管理中的应用，开拓新的发展路径，促进行业全面升级。

　　在未来的发展中，创新技术将持续引领煤炭行业向前发展。随着科技的不断进步，煤炭销售和企业管理将变得更加智能化和高效化。通过运用先进技术，企业可以实现从生产到销售的全流程数字化管理，提高整体运营效率。同时，创新技术的应用还能帮助企业及时捕捉市场动态，调整销售策略，满足客户需求。通过数据分析和智能决策系统，企业可以准确地预测市场变化，降低经营风险，提高盈利能力。

　　创新技术可以为煤炭企业提供更多的发展机遇。通过云计算、物联网等技术的应用，企业可以实现全面连接和协同工作，更好地整合资源，促进产业链的升级和转型。在智能制造方面，通过引入自动化设备和智能机器人，可以提高生产效率，降低生产成本，加快产品研发和推广速度。同时，通过数字化管理系统的建立，企业可以实现对生产过程的可视化和实时监控，及时发现问题并进行解决，提高产品质量，提升品牌形象，增强市场竞争力。

　　未来的煤炭行业将迎来更多的机遇和挑战，而创新技术的应用将成为企业发展的重要推动力量。只有不断探索和推动创新技术的应用，才能够带来更多的发展机遇，迎接未来的挑战，实现行业的可持续发展和升级。随着科技的不断革新和发展，煤炭行业也将迎来更加美好的明天。

参考文献

[1] 张戈. 煤炭销售中精细化管理及应用研究 [J]. 内蒙古煤炭经济，2022，（15）：77-79.

[2] 李文琳. 管理会计在煤炭企业管理中的应用研究 [J]. 现代营销（下旬刊），2021，（01）：158-159.

[3] 黄涛. 国有煤炭企业管理创新发展探究与讨论 [J]. 现代盐化工，2023，50（03）：90-92.

[4] 张维维，周鹏. 现代企业管理与创新模式研究 [J]. 中国市场，2021，（08）：173-174.

[5] 王继玮. 精细化管理在煤炭企业管理创新中的作用 [J]. 中国集体经济，2022，（18）：54-56.

[6] 刘孟杨，杨华圆. 现代企业管理创新的策略与方法探讨 [J]. 企业改革与管理，2022，（06）：26-28.

[7] 徐晓丽. 精细化管理模式在煤炭企业管理中的应用研究 [J]. 中国管理信息化，2022，25（22）：133-135.

[8] 黄荣. 现代企业管理会计创新与应用的探讨 [J]. 财会学习，2021，（31）：95-96.

[9] 余元杰. 业财融合在现代企业管理中的应用研究 [J]. 中国中小企业，2023，（11）：210-212.

[10] 张琼. 现代经济视角下煤炭经济管理创新研究 [J]. 山西农经，2021，（02）：164-165.

[11] 雷丽萍. 刍议现代企业文化创新对企业管理创新的影响模式 [J]. 东方企业文化, 2021, (S1): 5-6.

[12] 王军成. 基于现代企业管理中营销战略管理的创新思考 [J]. 质量与市场, 2023, (18): 28-30.

[13] 付丽. 浅谈现代经济视角下煤炭经济管理创新研究 [J]. 内蒙古煤炭经济, 2022, (19): 79-81.

[14] 蒋科学. 科技进步与创新对现代企业管理的影响研究 [J]. 现代营销 (经营版), 2021, (04): 174-175.

[15] 张凌赫. 大数据时代下现代企业管理模式的创新研究 [J]. 中国商论, 2022, (12): 114-116.

[16] 张西寨, 闫东, 朱振锋, 等. 现代经济视角下煤炭经济管理创新策略研究 [J]. 内蒙古煤炭经济, 2021, (06): 73-74.

[17] 吴娟. 现代企业管理制度下的塑料企业管理与思想政治工作创新 [J]. 塑料助剂, 2021, (06): 66-69.

[18] 黄彦福. 现代经济视域下煤炭经济管理创新发展探索 [J]. 商业2.0, 2023, (18): 28-30.

[19] 朱伯鸿. 煤炭销售企业营销供应链管理分析 [J]. 内蒙古煤炭经济, 2022, (10): 66-68.

[20] 陈波. 运输方式对煤炭销售的影响因素探讨 [J]. 商业文化, 2021, (35): 44-45.

[21] 张世璇. 企业管理模式与企业管理现代化 [J]. 今日财富, 2022, (15): 76-78.

[22] 叶彦希. 煤炭企业管理中项目化管理的应用探寻 [J]. 内蒙古煤炭经济, 2022, (19): 73-75.

[23] 刘芳娟. 探讨新时期煤炭销售面临的困境及对策 [J]. 中国产经, 2022, (11): 126-128.

[24] 布特格勒其. 基于ERP系统的准能集团煤炭板块销售管理 [J]. 露天采

矿技术，2021，36（03）：125-128.

[25]崔亚丽.山西煤炭S集团销售分公司营销策略研究[D].昆明：昆明理工大学，2021.

[26]李长川.浅谈企业管理模式与企业管理现代化[J].商展经济，2022，（14）：134-136.

[27]谢美红.基于创新创业教育的现代企业管理课程教学改革对策[J].湖北开放职业学院学报，2023，36（03）：13-15.

[28]黄健，陈丽.企业管理创新思考[J].营销界，2023，（03）：158-160.

[29]王晔.煤炭企业管理在采矿过程中的问题研究[J].内蒙古煤炭经济，2023，（05）：78-80.

[30]雷雯，赵坤，陈志峰.精细化管理在煤炭企业管理中的应用[J].内蒙古煤炭经济，2023，（20）：91-93.